AF371087

LE CHANSONNIER

FRANÇAIS,

OU

RECUEIL

DE CHANSONS,

Ariettes , Vaudevilles & autres
Couplets choisis.

Avec les Airs notés à la fin de
chaque Recueil.

VIII. RECUEIL.

Fin de la Table.

LE CHANSONNIER

AVIS.

Le Tome IX. du Chansonnier François; & *le* Jardinier et son Seigneur, Opéra-Comique, *paroîtront à la fin de ce Mois.*

LE
CHANSONNIER
FRANÇAIS.

BRUNETTE.

(Nº. 1.)

Vous me voyez, tendre Fougere,
Avec mon Berger chaque jour
Mourir dans les bras de l'Amour :
Ah ! cachez bien ce doux myſtere
Mais Bacchus fait tant d'indiſcrets
Que ſi l'on vous changeoit en verre
Hélas ! ſur ces plaiſirs ſecrets
Vous ne pourriez jamais vous taire.

Tome VIII.   A

SONGE.

(N°. 2.)

AU bord d'une claire fontaine
Je rêvois que l'aimable Iris
Daignoit me prodiguer sans peine
Des faveurs qui n'ont point de prix;
Enivré de ce bien suprême
Je me réveille promptement,
Et je perds un plaisir charmant
Qui valoit la vérité même.

MUSETTE.

(N°. 3.)

SI tu voulois Lisette
A l'ombre de ces bois
Au son de ma Musette
Joindre ta douce voix :
Les oiseaux du boccage
Par mille chants divers
Uniroient leur ramage,
A nos tendres concerts.

BRUNETTE.

(N°. 4.)

JE n'avois pas encore aimé,
Je n'avois pas encore aimé :
Sçavez-vous bien qui m'a charmé ?
C'est vous, Iris, je vous le jure,
C'est vous, Iris, je vous le jure.

DEPUIS que je suis votre Amant, *bis.*
Je ne sçaurois être un moment
Sans vous, Iris, je vous le jure.   *bis.*

L'AMOUR est logé dans vos yeux, *bis.*
Ce Dieu seroit encore aux cieux
Sans vous, Iris, je vous le jure.   *bis.*

JE me mocque de la faveur,   *bis.*
Je fais dépendre mon bonheur
De vous, Iris, je vous le jure.   *bis.*

JE veux vivre sous votre loi,   *bis.*
Et ne voudrois pas être Roi,
Sans vous, Iris, je vous le jure.   *bis.*

A ij

Tous les matins au point du jour, *bis.*
Je fais sacrifice à l'Amour
Pour vous, Iris, je vous le jure.   *bis.*

Ces sacrifices imparfaits   *bis.*
Seroient charmans s'ils étoient faits
Avec Iris, je vous le jure.   *bis.*

Quand du monde je partirai,   *bis.*
Jamais je ne regretterai
Que vous, Iris, je vous le jure.   *bis.*

Que sur ma tombe il soit gravé *bis.*
Cy gît qui n'a jamais aimé
Que vous, Iris, je vous le jure.   *bis.*

L'AMANT HEUREUX.

(N°. 5.)

PRES d'Annette
Sur la tendre herbette
Je chante sans fin,
Soir & matin
D'un air badin,
Près d'Annette
Sur la tendre herbette;

Je chante sans fin,
Notre amoureux destin.

CETTE Folette
Reprend soudain
Le refrain
De ma chansonnette.

PRES d'Annette, &c.

VIENS, Colin,
Dit enfin
La Finette,
Mene seulette
Par la main
Ta Brunette,
Dans le bois prochain ;
Sois certain,
D'y combler notre Amourette.

PRES d'Annette, &c.

****

LE CHASSEUR ET LE BUVEUR.
(Nº. 6.)

L'AMOUR vole à la chasse,
Jeunes cœurs nos champs sont pleins de
   ses attraits,
Quelque route qu'il fasse,
On ne peut jamais fuir ses traits.

Dans ces charmants détours
Où peut - on contre lui trouver du se-
cours ?
C'est au fond de nos bois,
Que son Carquois,
Achève plus d'exploits.

L'Amour, &c.

Loin des regards des jaloux
Ici les jeux en secret vont se rendre
Les plaisirs les plus doux
Sous ces ormeaux se font cachés tous :
Ah ! laissez vous surprendre,
Pourquoi les craignez vous ?

L'Amour, &c.

Buvons, buvons sans cesse
Contre le chagrin le remede est souverain :
Pour bannir la tristesse
Chers Amis, courons tous au vin.

Dans ce charmant Festin
Qu'on s'empresse en ce jour
De braver l'Amour ;
Vole charmant Bacchus,
Contre ton jus,
L'Amour ne tiendra plus.

Buvons, &c.

Chantons & trinquons fans fin,
Chantons, chantons Bacchus & fon Em-
　　pire:
Les plaifirs les plus doux
Au fond des pots fe rencontrent tous ;
　Fuyons un tendre martyre,
　　Bacchus, regne fur nous.

　　Buvons, &c.

A I R.

(N°. 7.)

DOux tranfports, trouble dangereux
Que dans mon jeune cœur un tendre
　　amour fait naître,
　　Vous n'oferiez paroître.
Hélas! pourquoi faut-il qu'un devoir
　rigoureux,
Fafſe perdre à l'Amour tant de momens
　heureux !

LA CONSEILLERE.

(N°. 8.)

VIens mon cher Colin,
Fou qui s'abandonne au vin ;

Prens mon conseil, tu verras,
Que dans mes bras
Bacchus te paroîtra,
N'avoir point d'appas :
Un Buveur languit,
Et son visage pâlit,
Il est mourant, il s'endort
Et de l'homme il n'a plus que le corps.

Un Amant constant
Revit sans cesse,
Auprès de sa Maîtresse,
Et goûte en l'aimant
Tous les jours un plaisir plus charmant.

Viens mon cher Colin,
Fou qui s'abandonne au vin ;
Prens mon conseil tu verras,
Que dans mes bras
Bacchus te paroîtra,
N'avoir point d'appas ;
Un Buveur languit,
Et son visage pâlit,
Il est mourant, il s'endort
Et de l'homme il n'a plus que le corps.

LA FIDELITÉ RECOMPENSÉE.

(N°. 9.)

Venus la plus aimable Immortelle
   Eut la pomme de Pâris,
Quand ma Colette fera près d'elle
   Venus n'aura plus le prix.
   Sur fes pas l'Amour s'attache
   Il l'accompagne en tous lieux
   Et toujours ce Dieu fe cache
Dans mon cœur ou dans fes yeux.

Je lui dis fouvent, tien, ma Bergere,
   Sois la Reine de mon cœur.
Un de tes regards, je le préfere
   A l'éclat de la grandeur.
   A ces vives étincelles;
L'Amour connoît fon flambeau,
   Tu l'as privé de fes aîles
   Et je le vois fans bandeau.

Viens-tu dans nos hameaux, l'on t'adore
   C'eft l'effet de ta beauté;
Eh! tu peux rebutter qui t'implore,
   Voilà l'inhumanité !

A. V.

Permets qu'un Berger prétende
Au doux espoir de tes vœux.
Tu le peux, je te demande
Un seul regard de tes yeux.

Quoi ! ces fleurs, qui parent la verdure,
Ont parfumé les Zéphirs ;
De ce jour la lumière est plus pure ;
Tout s'abandonne aux plaisirs,
Tout ranime la nature,
Quand je meurs de ma langueur !
Si tu plains ce que j'endure
Le Printems est dans mon cœur.

Que deviens-tu, plaisir de mon ame ?
Vois les maux de ton Berger ;
Viens, suis moi, cher objet de ma flâme
Dans cet amoureux verger ;
Loin de plaindre mon martyre,
Loin d'adoucir mes malheurs,
Barbare je te vois rire,
De mes maux & de mes pleurs.

Souviens-toi, sur la rive fleurie,
Que cette eau baigne toujours ;
Tu disois à mon ame ravie :
Pour jamais sois mes amours.

Ce ruisseau, cœur infidelle
Roule ses eaux constamment,
Rougis en voyant, cruelle,
Le témoin de ton serment.

DANS les moindres tourmens que
	j'endure,
Tu prouve ton amitié,
Vois, vois cette mortelle blessure;
	Quoi, tu fuis, cœur sans pitié:
Tu ne veux point voir, tygresse
	Le mal que font tes appas,
Quand mes yeux parlent tendresse,
Ton cœur ne m'entend donc pas ?

DIEUX ! si j'étois l'éloquent Ovide
	Je t'apprendrois l'Art d'aimer,
Dans l'Art de plaire deviens mon guide
Puisque tu sçais tout charmer:
	Deviendrois-je ta victime,
	En bénissant mes ardeurs ?
	Si t'adorer est un crime
	C'est celui de tous les cœurs.

LE Destin m'a donné pour partage
	Espoir, larmes & soupirs :
Indifférent, soyez le vrai sage,
	Vous produisez vos plaisirs ;
A vj

Victime de ma conftance,
Témoin de votre bonheur;
Je vois votre indifférence,
Au deffous de mon ardeur.

Ainsi je parlois à ma Bergere;
   Je voulois fléchir fon cœur,
Elle paya mon ardeur fincere:
   Fais, dit-elle, ton bonheur.
Amour l'entend, bat des aîles
   Et fourit à cet aveu,
Le fort des Amans fideles,
Eft d'être heureux, dit ce Dieu.

Je chante fous le nom de Colette
   La Déeffe de mon cœur,
Mes maux, mes larmes, je le répette,
   Ces tributs de fa rigueur;
Mais la plus tendre foibleffe,
   Paya mes ardens foupirs ....
Ah! quelle indifcrette yvreffe
   Me fait chanter mes plaifirs !

****

LEÇON SUR L'AMOUR.

(N°. 10.)

EN vain se fait-on violence,
Pour ne vouloir jamais aimer:
   L'objet qui se fait estimer,
Vers l'Amour à grand pas s'avance.

N'ÉCOUTEZ jamais sans allarmes
Les doux chants & les doux propos,
   Tel en a perdu le repos,
Pour avoir éprouvé leurs charmes.

SANS danger osez-vous prétendre,
   Ecouter Tircis en secret ?
C'est vous préparer le regret,
D'avoir fait plus que de l'entendre.

DIREZ-vous que votre innocence
Ignore ce que c'est qu'Amour ?
Vous yeux annoncent sans détour,
Qu'à l'instant votre cœur y pense.

CES appas qu'aux yeux vous ménage
   Un petit geste séducteur,
   Font disparoître la pudeur
Et rougir l'Amant le moins sage.

D'UN baiser redoutez la suite,
La main s'abandonne aux transports,
On a beau faire des efforts
De ce jeu sortira-t-on quitte ?

****

L'HABITATION DES PLAISIRS.

(N°. 11.)

LEs doux plaisirs habitent ces retraites,
Dans nos hameaux chacun aime à son
tour,
On n'en sçait rien, nos flammes sont dis-
crettes ;
On va rêver seule dans un détour
L'Amour s'y rend, les feuilles sont
muettes,
L'ombre des bois est le jour de l'Amour.

NE craignez plus gentilles Bergerettes,
Tendres Amours triomphez en ce jour :
Ne fuyons plus le danger des Fleurettes,
A nos Bergeres accordons du retour,
L'hymen sensible aux langueurs des fil-
lettes,
Donne l'essor aux plaisirs de l'Amour.

LA BERGERE DÉSABUSÉE.
(N°. 12.)

SUr un soupçon trop incertain
Eglé jeune & tendre Bergere
N'écoutant qu'un dépit soudain,
Exprimoit ainsi sa colere,
Où peut-on trouver des Amans
Qui nous soient à jamais fidelles?
Je n'en sçais que dans les Romans
Ou dans les nids de Tourterelles.

L'AIR triste, l'esprit agité
Elle laisse couler des larmes,
Qui loin d'altérer sa beauté,
Sembloient en augmenter les charmes
Elle repette à tous momens,
Où sont-ils les Amans fidelles
Tels qu'on en voit dans les Romans
Ou dans les nids de Tourterelles.

MISIS survient, & la douleur
A son approche diminue,
Eglé l'écoute avec douceur,
Elle lui parle, elle est émue

Misis l'assure avec sermens,
Qu'il est quelques Amans fidelles,
Tels qu'on en voit dans les Romans,
Où dans les nids de Tourterelles.

BIENTÔT le trouble est écarté
Et voulant réparer l'outrage
Du soupçon d'infidelité,
L'Amour lui dicte ce langage :
Oui, Misis il est des Amans
Qui nous font à jamais fidelles,
Tels qu'on en voit dans les Romans
Où dans les nids de Tourterelles.

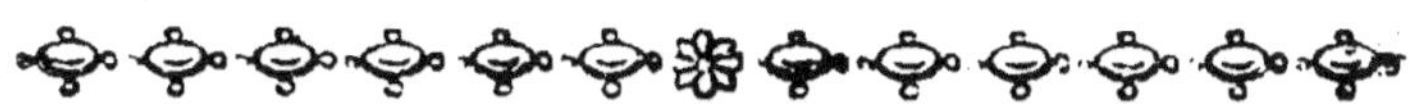

CHANSONNETTE.

(N°. 13.)

L'AVEUGLE enfant en exerçant sa rage,
Un jour lança mille traits dans mon sein :
Ah ! si j'en meurs, Iris, c'est votre ouvrage.
Car j'apperçus qu'avec un ris malin
Du petit Dieu vous conduisiez la main.

LA CRAINTE DISSIPÉE.

(N°. 14.)

QUOI, tous deux ensemble !
Je tremble ! +
Mon cœur frémit de ton ardeur.
Ah ! j'entens ma mere,
Que faire ?
Lucas si l'on me trouve entre tes bras ?
Hélas ! tu vois mon embarras :

MA raison timide
Te parle en vain,
Et je sens déja ta main
Presser mon sein ;
Arrête perfide !
Si l'Amour te guide
Du moins
Jouissons sans témoins.

QUOI, &c.

MAIS l'espoir commence,
Le silence
Conduit
La paix qui le suit,

Ma mere fommeille,
L'Amour veille ;
Je fens
Ses tranfports preffans.
Dans ce doux moment,
Suivons, cher Amant,
Ses pas,
Non un cœur que l'Amour confeille
Ne s'égare pas.

LE QUADRILLE.

(N°. 15.)

AMi prends ton Iris,
Moi je prendrai Silvie ;
Loin du bruit de Paris,
Allons faire la vie
Sous un berceau couvert
D'un treillage agréable ;
Quand on eft de concert
C'eft un Quadrille aimable.

Si je fuis votre Roi
Affurez vous Climène,
Que pour vous & pour moi
La victoire eft certaine,

Vous aurez toujours lieu
De louer ma prudence,
Je sçais cacher mon jeu
Et garder le silence.

Je ris de mes rivaux
Et pour avoir *Codille*,
Sur *Manille*, à propos,
Je sçais mettre *Spadille*;
Secondez mes desseins,
Je vous donne parole
De faire les six *mains*
Et quelque fois *la vole*.

LA BERGERE SENSIBLE.

AIR. *L'Amant frivole & volage.*
(N°. 16.)

QUELLE est cette inquietude
Qui s'empare de mes sens ?
Je cherche la solitude
Mes regards sont languissans ;
Un feu secret me devore
Je sens mon cœur s'animer ;
Je sens quelque chose encore
Que je ne puis exprimer.

DANS le plus prochain boccage
Lorſque je cueillois des fleurs,
Malgré moi ſur mon viſage,
Je laiſſois couler des pleurs:
Un feu ſecret me devore,
Je ſens mon cœur s'agiter
Je ſens quelque choſe encore
Que je ne puis exprimer.

QUAND ſur ce charmant rivage
Tircis vient pour m'aborder,
Et qu'il m'offre ſon hommage
Je me plais à l'écouter,
Un feu ſecret me devore,
Je ſens mon cœur s'échaper,
Je ſens quelque choſe encore
Que je ne puis exprimer.

LORSQU'UN ſommeil favorable
Sur moi verſe ſes pavots,
Souvent un rêve agréable
Vient agiter mon repos:
Je vois Tircis qui m'adore,
Je ſens mon cœur s'enflammer,
Je ſens quelque choſe encore
Que je ne puis exprimer.

DÉCLARATION D'AMOUR.
(N°. 17.)

POUR vos beaux yeux, aimable Iris,
Je souffre le martyre;
Mais les Amours, les jeux & les ris
Me forcent de vous dire,
Qu'ils ne prétendent pas qu'à crédit
Je soupire.
POUR vos beaux yeux aimable Iris
Je souffre le martyre.

L'INCONSTANT.
(N°. 18.)

TROP volage Berger
Je ne puis m'engager;
Je vais contant fleurettes,
Aux hameaux d'alentour;
Je fais des amourettes,
Et n'ai jamais d'amour.

MON esprit inconstant
Ne peut souffrir long-temps.

Partout à cent poulettes,
Je vais faire ma cour,
Je fais des amourettes
Et n'ai jamais d'amour.

ALLANT toujours mon train
Je n'ai point de chagrin,
Mes conquêtes secrettes,
N'ont tout au plus qu'un jour,
Je fais des amourettes,
Et n'ai jamais d'amour.

BRUNETTE.
(N°. 19.)

A DE vrais transports de tendresse,
Se livre en ce moment mon cœur;
L'Amour a rendu ma Maîtresse
Sensible à ma fidelle ardeur:
Ah! que c'est un plaisir extrême,
D'être aimé de l'objet qu'on aime!

SI des précieux dons de Flore
Je pare sa tête & son sein,
Elle connoît que je l'adore
Dans cet amusement badin;
Ah! que c'est un plaisir extrême,
D'être aimé de l'objet qu'on aime!

QUAND nous fommes fur la verdure
Et que nous parlons de nos feux,
A tout moment elle m'affure
Qu'elle comblera tous mes vœux ;
Ah ! que c'eft un plaifir extrême
D'être aimé de l'objet qu'on aime !

SI je baife fa main charmante
Avec les plus tendres efforts,
Grands Dieux ! que fa beauté m'enchante !
Elle éprouve mes doux tranfports :
Ah ! que c'eft un plaifir extrême,
D'être aimé de l'objet qu'on aime !

QUAND un fort heureux nous affemble,
Que fon entretien eft charmant !
Quand il faut ceffer d'être enfemble
Qu'elle foupire tendrement !
Ah ! que c'eft un plaifir extrême
D'être aimé de l'objet qu'on aime.

MA parfaite ardeur pour Silvie,
Amour, fait mon plus doux bonheur ;
Fais la durer toute ma vie,
Regne fans ceffe dans mon cœur ;
Ah ! que c'eft un plaifir extrême
D'être aimé de l'objet qu'on aime.

LE RETOUR DU PRINTEMS.

(N°. 20.)

A l'ombre de ce Hêtre
Un Berger d'alentour
Sur sa flute champêtre
Frédonnoit l'autre jour ;
» Doux Printems, ta naissance,
» Fait naître mille ardeurs,
» Et ta seule présence,
» Ranime tous les cœurs.

LA chanson se répete,
Belise enfin l'entend ;
Elle accourt, & seulette
Vient trouver son Amant :
La Candeur, l'innocence,
Accompagnent ses pas ;
Mais un air d'indolence
Réleve ses appas.

D'UNE subite flâme,
Le Berger transporté
Rapelle dans son ame
En vain la liberté :

II

Il se trouble, il chancelle,
Il pousse des soupirs;
Et les yeux de la Belle
Irritent ses desirs.

BERGERE, qui t'amene
Lui dit-il, dans ces lieux?
Viens-tu finir la peine
Que cause tes beaux yeux?
Voi, dessous ton empire
Ce que souffre mon cœur;
Songe que mon martyre
Condamne ta froideur.

DEPUIS maintes années
Je languis près de toi,
Bornant mes destinées
A vivre sous ta loi;
Mais toujours inhumaine
Et rébelle à mes feux,
Tu te ris de ma peine,
Tu méprises mes vœux.

A ce tendre reproche,
Bélise se rendit;
Son cœur toujours de roche
En vain se défendit;

Tome VIII. B

Ah ! c'en est trop, dit-elle :
Amour est mon vainqueur ;
Reçoi, Berger fidele
Le prix de ton ardeur.

LES DESIRS INFRUCTUEUX.

(Nº. 21.)

L'AMOUR est dans les yeux de l'aima-
ble Climène,
Tant que la Belle ne dort pas ;
Mais le sommeil vient-il assoupir l'inhu-
maine,
L'Amour s'envole entre ses bras.

Sous cet ombrage verd, où le Dieu du
silence
Semble avoir fixé son séjour,
Mon cœur indifférent en fit l'expérience
En me promenant l'autre jour.

Sur un lit de gazon j'apperçus la
cruelle ;
J'approchai sans timidité ;
Au désir que j'avois de contempler la
Belle
Tout promettoit l'impunité.

RIEN ne portoit alors mon cœur à se
   contraindre,
Quoique mes sens fussent charmés;
Ses yeux tyrans des cœurs, qu'on m'avoit
   seuls fait craindre,
Par le sommeil étoient fermés.

AUSSI permis - je tout à mes regards
   avides,
Ciel! que ne virent point mes yeux!
Dans le choix des plaisirs mon cœur les
   prit pour guides,
Que ses désirs sont capricieux!

SA gorge m'enchantoit, j'en étois ido-
   lâtre,
Quand tout à coup l'enfant malin,
S'offrant à mes regards sur ce thrône
   d'albâtre,
D'un trait de feu perça mon sein.

VA , dit-il : sois plus sage en ren-
   contre pareille
De tes désirs borne le cours,
Sçache que quelquefois une Belle som-
   meille
Mais que l'Amour veille toujours.

LA CONTRADICTION.

(N°. 22.)

LORSQUE Parette étoit not' Amou-
    reuse,
  Quand j'enrageois de badainer,
    All' m'envoyoit promener,
Et faisoit toujours la grogneuse :
Morguié la femme est bian faite à rebours
    Dépis que j'somme en ménage
Et que je s'is bian sou du badinage,
Ce qu'alle refusoit, *bis*. All' le veut tou-
    jours.

L'HOMME ACCOMMODANT.

(N°. 23.)

FAUT-il boire, faut il aimer ;
A tout de bon cœur je me livre,
Je me laisse aisément charmer
Tout vin, toute beauté m'enyvre,
  Ne rien trouver à son goût,
      C'est folie ;
  Il faut s'accommoder de tout ,
      Dans la vie.

Le Champagne est mon favori,
Sa mousse me plaît dans mon verre
Mais au défaut du Silleri
Je bois volontiers du Tonnerre;
Ne rien trouver à son goût,
C'est folie;
Il faut s'accommoder de tout
Dans la vie.

Voulez-vous boire à petits coups?
Eh! bien, soyons long-temps à table
Boire à grands coups vous semble doux
Versez m'en dix & je les sable;
Ne rien trouver à son goût,
C'est folie;
Il faut s'accommoder de tout
Dans la vie.

J'ai la même facilité
Dans tous les plaisirs de la vie;
Je prends ce qui m'est présenté
C'est Fanchon; si ce n'est Silvie;
Ne rien trouver à son goût,
C'est folie;
Il faut s'accommoder de tout
Dans la vie.

B iij

Veut-on jouer, nommez le jeu,
Tric-trac, Echecs, Piquet, Quadrille
Le choix m'en importe très peu,
L'on me feroit jouer aux Quilles;
Ne rien trouver à son goût,
C'est folie;
Il faut s'accommoder de tout
Dans la vie.

❧

Voulez-vous railler, disputer,
Vous pouvez choisir la matiere;
Dieux & Rois sont à respecter
Liberté sur le reste entiere;
Ne rien trouver à son goût,
C'est folie,
Il faut s'accommoder de tout
Dans la vie.

LES AMANTS HEUREUX.

(Nº. 24.)

M'Aimes-tu comme je t'aime,
Berger?
Je crains que tu sois léger
Toi même,
Oserois-tu changer?

Dans tes yeux, belle Climène,
J'ai pris
Le feu dont je suis épris,
Ma chaîne
En fait le prix.

Quelle douce langueur !
Je sens mon cœur,
Rempli d'ardeur,
Je succombe
Je tombe . . .
Doux moment
Pour ma tendresse !
Attends . . .
Dieux ! quelle foiblesse !
Tu cesse
Mon cher Amant !

Peux-tu m'aimer comme je t'aime, &c.

(N°. 25.)

Tous les deux l'amour dans l'ame,
Ressentent sa flâme !
La Bergere se pâme
Bientôt Licas est heureux . . .

Mais hélas ! pourquoi cet allarme ?
B iv

Tu ne formes plus de vœux,
Et le plaisir te rend volage,
Funeste présage !
Des Amans tu suis l'usage,
Je sens expirer tes feux.

M'AIMES-tu , &c.

*   *   *

L'INCONSTANCE.

Mêmes airs. (Nº. 24.)

UN Berger, quand on l'écoute,
Promet & jure d'aimer toujours:
On doute,
Puis on croit ses discours ;
Il attaque avec adresse,
Il plaît, il fait naître le moment,
Il presse
Et l'on se rend.

UNE douce langueur
D'un foible cœur
Montre l'ardeur ;
On succombe,
On tombe,

Doux moment,
Pour la tendreſſe !
Inſtant
Marqué par l'yvreſſe,
Tu ceſſe
Et plus d'Amant.

Un Berger, &c.

(Nº. 25.)

MALHEUREUX eſt le cœur tendre
Qu'on voit ſe défendre ;
Tôt ou tard il faut ſe rendre
Et bruler des mêmes feux.

Un ſoupir qui ſe fait entendre
Eveille en nous le déſir ;
Et le plaiſir,
Qui vient à l'aide
Et qui lui ſuccède
Eſt un prix qu'Amour ne cède,
Qu'aux cœurs,
Pleins de ſes ardeurs.

Un Berger, &c.

E v

MAXIME DE CITHERE.
(Nº. 25.)

USEz mieux beautez trop fiere
Du pouvoir de tout charmer ;
Aimez aimable Bergere
Nos cœurs sont faits pour aimer :
Songez de bonne heure à suivre
Le plaisir de s'enflammer ;
Un cœur ne commence à vivre
Que du jour qu'il sçait aimer.
Quelque fort qu'on se défende,
Il y faut venir un jour,
Il n'est rien qui ne se rende
Aux doux charmes de l'Amour.

A I R.
(Nº. 27.)

L'AMOUR est à craindre ;
Il sçait trop bien feindre,
On doit plaindre
Les Amans
Livrés à ses tourmens.

L'Amour eſt à craindre,
Il ſçait trop bien feindre;
On doit plaindre
Juſqu'aux cœurs
Comblés de ſes faveurs.

ENFANT dangereux
Son air en impoſe
Les tourmens qu'il cauſe
Pour lui ſont des jeux.

L'AMOUR. &c.

SERMENTS,
Tendre hommage,
Langage,
Tout flatte, tout charme les ſens
Si ce Dieu n'étoit volage
Les cœurs amoureux
Seroient trop heureux.

L'AMOUR, &c.

LES AMOURS DE COLIN ET COLETTE ROMANCE.

Air. *Votre cœur aimable Aurore.*

(Nᵒ. 28.)

UN jour Colin & Colette
Au comble de leurs défirs
Se croyant feuls fur l'herbette
Goutoient le prix des foupirs ;
D'un ormeau l'ombre difcrette
Voiloit leurs tendres plaifirs.

D'un air naïf & fincere
Le Berger offroit fon cœur
La volupté, le myftere,
Favorifoient fon ardeur,
Dans les yeux de la Bergere,
Le Berger lut fon bonheur.

DANS les tranfports de fa flamme
Tiens, difoit l'heureux Berger,
Colette, fens-tu mon ame
Vers toi prête à s'échapper ?
Recois-là ... Dieux je me pâme
Rends la moi par un baifer.

LA trop sensible Colette
Le baisoit & se taisoit,
Dans une yvresse secrette,
Son ame aussi se perdoit,
Et sur leur bouche muette,
Le plaisir les confondoit.

REVENUS de ce délire
Heureux & plus amoureux,
Colin prend sa main, soupire,
Hélas ! dit-il : tous mes vœux
Seroient de t'entendre dire
Oui, je partage tes feux.

OUI, mon cher Colin, je t'aime,
Pour Colin quelle faveur !
Lorsque l'Amour est extrême,
Le sincere aveu d'un cœur
Est toujours un bien suprême,
Même au comble du bonheur.

ENFIN Colin & Colette
Epris de nouveaux désirs,
Se croyants seuls sur l'herbette
Répeterent leurs plaisirs,
Mais écho, Nimphe indiscrette
Publia tous leurs soupirs.

MUSETTE.
(Nº. 29.)

Dans ces bois chere Lisette,
Quel bonheur ! de te trouver seulette,
Viens écouter ma Musette
 Et que sa douceur,
 Laisse à ton cœur,
 Moins de rigueur.

 Tout t'engage
 Cet ombrage,
Ces tendres oiseaux,
Et le doux murmure des eaux.

Dans ces bois, &c.

 Daigne entendre
L'Amant le plus tendre,
 Ah ! tes yeux,
Répondent à mes vœux !

Dans ces bois, &c.

LES DOUX ÉBATS.
(Nº 30.)

Dans un déshabillé galant,
 D'un air languissant,

Sur le tendre gazon,
Dormoit sans soupçon,
La simple Suzon,
Lucas ne dormoit pas :
Voyant tant d'appas,
Il le dit tout bas,
Baisons sa main,
Baisons son sein,
Tout flatte mon dessein.

QUE fais tu ? Quelle trahison
S'écria Suzon :
Ah ! laisse moi, Lucas ;
Maman me verra,
Et nous grondera,
Mais quels ravissemens !
Quels transports charmans !
Troublent tous mes sens !
Ah ! cher Lucas,
Prens tes ébats,
Maman ne nous voit pas.

PAR un si favorable aveu,
Lucas plein de feu,
Ranime ses plaisirs,
Pousse des soupirs,
Comble ses désirs,

Mais plus il s'enflammoit,
Plus il la preſſoit,
Plus elle crioit,
Prens tes ébats,
Maman ne nous voit pas.

❧

Fuyez un dangereux Amant,
Me diſoit Maman;
Son langage trompeur
Flatte un jeune cœur,
Et fait ſon malheur,
Mais dût-on me haïr,
Dût-on m'en punir,
Duſſai-je en mourir,
Ah! cher Lucas!
Ne quittons pas
De ſi charmants combats.

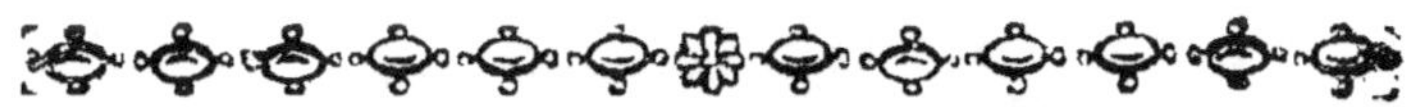

LE MOMENT.
(N°. 31.)

Viens Liſon,
Viens ſur ce gazon;
Le Zéphir,
Y ſouffle le plaiſir;
Et l'Amour
Avec toute ſa Cour,
Y fixe ſon ſéjour;

Viens Lison,
Viens sur ce gazon,
Vois mes feux,
Réponds à mes vœux
Que ton cœur
Sensible à mon ardeur
Fasse mon bonheur.

Tu t'agites,
Tu m'évites,
Mon feu s'en irrite....
Mais tes yeux
Sont moins rigoureux,
Tu te rends
A mes soins pressants,
Quel moment !
D'un sort si charmant,
Dieux
Soyez envieux.

Oui, Lison,
Oui, sur ce gazon,
Le Zéphir,
Souffle le plaisir
Et l'Amour
Avec toute sa Cour,
Y fixe son séjour,

Viens souvent,
Dans ce Pré riant,
Ton Amant
Toujours constament
De son cœur
Te prouvera l'ardeur,
Fera ton bonheur.

L'IGNORANCE DISSIPÉE.
(N°. 32.)

Dieux ! que j'étois ignorante !
Encore au dernier Printems !
Et que je devins sçavante
En touchant à quatorze ans ;
Mais tout cela me chagrine ,
Et me reduit aux abois,
Car si Maman, si Maman le devine
Je n'irai plus seule aux bois.

Tout alors étoit mystere
A mes regards curieux ;
A présent un rien m'éclaire
L'âge a dessillé mes yeux ,
Mais tout cela me chagrine,
Et me reduit aux abois,
Car si Maman, si Maman le devine
Je n'irai plus seule aux bois.

JADIS de nos fleurs nouvelles,
Je ne faisois nul état;
De mes graces naturelles,
Je sçais relever l'éclat;
Mais tout cela me chagrine,
Et me réduit aux abois,
Car si Maman, si Maman le devine
Je n'irai plus seule aux bois.

J'ATTACHOIS ma Collerette
Avec un soin scrupuleux,
J'en étois moins inquiette
Zéphire en fait ce qu'il veut;
Mais tout cela me chagrine
Et me réduit aux abois,
Car si Maman, si Maman le devine
Je n'irai plus seule aux bois.

JE croiois qu'une Bergere
Devoit n'aimer que son chien,
Je ne m'y connoissois guere
Mon cœur m'en avertit bien;
Mais tout cela me chagrine
Et me réduit aux abois,
Car si Maman, si Maman le devine
Je n'irai plus seule aux bois.

INVOCATION A BACCHUS.
(N°. 33.)

Viens, Bacchus, viens me rendre
heureux,
Amis, verſez, je veux boire ſans ceſſe.
Le vin redouble ma tendreſſe,
Il ne peut dans mon cœur allumer trop
de feux,
Viens, Bacchus, viens me rendre heu-
reux,
Amis, verſez, je veux boire ſans ceſſe.

L'Amour eſt de moitié d'une ſi douce
yvreſſe,
Plus je bois, plus je ſens que je ſuis
amoureux.

Viens, Bacchus, viens me rendre
heureux,
Amis, verſez, je veux boire ſans ceſſe.
Le vin redouble ma tendreſſe,
Il ne peut dans mon cœur allumer trop
de feux.
Viens, Bacchus, viens me rendre heu-
reux,
Amis, verſez, je veux boire ſans ceſſe.

LE DEPART DE SILVIE.

(N°. 34.)

QUoi ! vous partez fans que rien vous
     arrête?
Vous allez plaire en de nouveaux climats,
Pourquoi voler de conquête en conquête,
Nos cœurs foumis ne fuffifent-ils pas ?
Quoi ! vous partez fans que rien vous
     arrête ?
Vous allez plaire en de nouveaux climats.

PERE du jour éclairez fon voyage,
Parez les cieux des plus vives couleurs,
Ne la voyez qu'à travers un nuage,
Sur fon chemin faites naître des fleurs.
Pere du jour éclairez fon voyage,
Parez les cieux des plus vives couleurs.

PEUPLES heureux qui verrez tant de
     charmes,
Vous ignorez le fort qui vous attend.
Celle qui caufe aujourd'hui nos allarmes,
Vous vendra cher le plaifir d'un inftant.
Peuples heureux qui verrez tant de
     charmes,
Vous ignorez le fort qui vous attend.

COUPLET *fait par un foldat en fac-*
tion fous les fenêtres de Madame N...
qui chantoit la Chanfon précédente.

Même air.

L'AMOUR voulant étendre fon Em-
  pire,
Sortoit envain flèches de fon carquois
Les cœurs craignoient un dangereux
  délire,
De la beauté l'on negligeoit les droits.
Que fit l'Amour ? il fit chanter Elvire,
Et de ce Dieu tout reconnut les loix.

LA CRAINTIVE.
(Nº. 35.)

QUAND tu viens dans ce verger
Tu ne peux me foulager
Difoit Life à fon Berger :
Tu ne vois pas le danger,
Ma Mere y porte fes pas,
Mon Papa ne le fçait pas,
  Mais ... fuis Lucas.

UN beau jour elle pourroit
Nous y prendre au trébuchet,
Quel tapage elle feroit !

Ah ! qu'elle me gronderoit !
Même me frapperoit.
Je crains ses transports jaloux,
Je redoute son courroux,
Je veux éviter ses coups,
Car les tiens seuls entre nous
Me semblent doux.

QUAND tu viens, &c.

CHANSON BACCHIQUE.

Qui répond paye.

(N°. 36.)

SI j'aime le vin, ma Silvie,
Ne tremblez point pour nos amours,
Aux plus doux plaisirs de la vie,
Bacchus prête un heureux secours :
Des effets de ce jus aimable ;
Voyez l'Amour qui s'applaudit,
Des coups que j'aurai bus à table,
Il ne vous fera pas credit.

L'UTILE PRÉCAUTION.

(N°. 37.)

IRis ne trouves point étrange,
Si je néglige ton troupeau,
Voici le temps de la vandange,
Laisse moi quelques jours caresser mon
    tonneau,
Tu ne perdras rien pour attendre,
Quand j'ai bien bû du vin nouveau
J'en ai le cœur cent fois plus tendre. *bis.*

LA MODESTE AMBITION.

(N°. 38.)

GUerriers, courez à la victoire;
Amans cherchez la volupté,
Favoris d'Apollon au temple de mé-
    moire,
    Meritez l'immorralité;
Courez vils enfans de la terre,
Des tréfors précieux qu'en fon fein elle
    enferre

Allez,

Allez, vo'ez dépouiller le Pérou
Tout cela ne me touche guere,
Ma seule ambition est de manger mon sou
Du petit salé de Nanterre.

CAPRICE AMOUREUX.
(N°. 39.)

LIEUX aimés, lieux pleins de charmes
Bois épais, riant séjour,
Où j'ai tant versé de larmes,
Pour l'objet de mon amour,
Si dans ce réduit tranquille,
Ce Dieu l'oftroit à mes yeux,
Je serois dans cet azyle
Plus content que dans les cieux.

(N°. 40.)

VIENS, trop insensible Silvie,
Viens sur ce gazon renaissant,
Le Dieu des Amours t'y convie,
Viens, viens rendre heureux ton Amant.

LOIN des yeux jaloux de l'envie
Nous pourrons goûter en paix,
Des plaisirs pleins d'attraits.

VIENS, &c.

Tome VIII.   C

MAIS, hélas! en vain je l'appelle
Elle est sans pitié, la cruelle !
Au lieu d'elle, l'écho fidelle
Redit, pour soulager mon tourment :
VIENS, &c.

(N°. 41.)

PUIS qu'une ingrate Maîtresse
Méprise ma tendresse,
Pour m'affranchir de ses loix,
Je vais faire un autre choix.

SI la jeune Iris
Veut soulager ma peine,
De mon inhumaine
J'oublirai les mépris.

PUIS qu'une, &c.

MON cœur se dégage
Je deviens volage,
Mes fers sont rompus,
C'en est fait, je n'aime plus.
PUIS qu'une, &c.

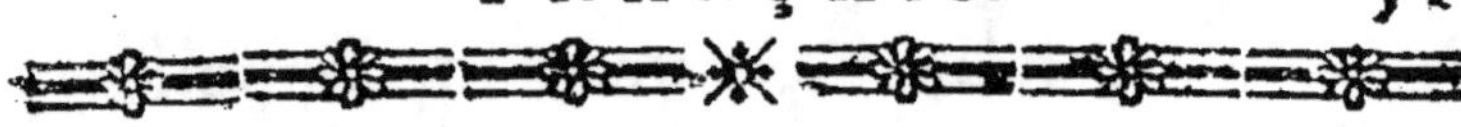

A R I E T T E.

(N°. 42.)

CHARMANT Amour lancez tous vos
traits dans mon ame.   *bis*.
Oiseaux dont le Printemps renouvelle
la flâme,
Chantez, chantez, rendez hommage
à mon vainqueur.
De ce jour seulement je compte mon
bonheur.

CHARMANT Amour lancez tous vos
traits dans mon ame.   *bis*.

M U S E T T E.

(N°. 43.)

QUITTE ta Musette,
Berger amoureux,
Les tendres sons qu'elle répete
Sont trop dangereux.

D'UN bien séducteur,
Tu peins à mon cœur,
L'appas trompeur.

QUITTE ta Musette, &c.

MAIS ta main eſt indiſcrette
Quoi ! tu veux
Te rendre heureux ?
REPRENDS ta Muſette , &c.

LE MAITRE A CHANTER.

(N°. 44.)

QUAND vous voulez chanter faites
    ſans negligence
L'accent , le port de voix , le pincé , la
    cadence ;
    Coulez la Tierce en deſcendant ,
    Prononcez naturellement ,
    Ne ſerrez point les dents ,
    Ménagez votre haleine ,
Faites le tour de gorge & nourriſſez vos
    ſons ;
Si vous vous ſouvenez de toutes ces
    leçons ,
    Vous ferez Celimene
    Plus que les Amphions.

CHANSONNETTE.

AIR. *Dans ma Cabane obscure.* (N°. 45.)

D'UNE volupté pure,
Tes yeux font le tableau,
Non, jamais la nature
Na rien fait de fi beau ;
Amour te rend les armes,
Il n'a plus de bandeau,
Et l'éclat de tes charmes,
Fait ternir fon flambeau.

QUAND tu daignes fourire
Mon ame eft dans les cieux,
Ton cœur eft mon empire,
Tes plaifirs font mes Dieux ;
Zéphire près de Flore
Eft bien moins amoureux,
Et Titon pour l'Aurore,
Reffent bien moins de feux.

LA COMPARAISON.

(N°. 46.)

UN Papillon badin careffoit une Rofe
Nouvellement éclofe,

C iij

Qu'aussi - tôt il quitta pour suçer un
　　Raisin.
Ah ! dit alors Cloris : le volage que j'aime
　　Ne me traite-t-il pas de même ,
　　Quand il me quitte pour du vin ?

LE HOQUET.

(N°. 47.)

ATTEINT d'un fatiguant Hoquet,
Grégoire au fond d'un cabaret,
N'osoit achever sa bouteille :
On lui présente un verre d'eau ;
A cet aspect, il se reveille ;
Il en frémit, ah ! dit-il , le tombeau
M'offriroit un destin plus beau.
L'épouvante guérit Grégoire ;
Dieux ! dit-il : vous avez tout fait
Pour notre bien & votre gloire,
Bis. { Vous nous donnez du vin pour
　　　　　boire, *bis.*
Et de l'eau pour guérir le Hoquet.

VAUDEVILLE.

(N°. 48.)

Vive un Amant,
Pour être prévenant ;
Au moindre mot il est en mouvement :
Ziste, zeste,
Qu'il est preste !
Malepeste !
Comme il va !
C'est un charme que cela,
Dans un époux on voit tout le contraire.
Qu'il est sourd !
Qu'il est lourd !
Qu'il est gourd !
Hélas ! qu'en peut-on faire !

Ah ! qu'un Mari,
Paroît doux & poli,
Pour des beautés qu'il voit hors de chez
lui !
Ziste, zeste,
Qu'il est preste !
Malepeste !
Qu'il ressent,
Pour elles d'empressement !

C iv

Mais du moment qu'il est dans son mé-
　　nage,
　　　Qu'il est sourd !
　　　Qu'il est lourd !
　　　Qu'il est gourd !
　L'ennuyeux personnage !

❀

　Plus un Client,
　Se fait opulent,
Plus l'Avocat se fera voir éloquent ;
　　Ziste, zeste,
　Qu'il est preste !
　　Malepeste !
　Comme il va,
Quand il voit briller cela.
Mais si quelqu'un l'aborde sans finance,
　Il est sourd !
　Il est lourd !
　Il est gourd !
　Adieu son éloquence.

❀

　Quand un Gascon,
　Découvre la maison,
D'un bon Patron qui prête sans façon,
　　Ziste, zeste,
　Qu'il est preste !
　　Malepeste,
　Comme il va,
Dans un instant l'y voilà.

Mais quand il faut rendre ce qu'on lui
    prête,
       Qu'il est sourd !
       Qu'il est lourd !
       Qu'il est gourd !
Bon soir, l'affaire est faite.

    Quand le destin
Nous met en beau chemin,
De tous côtés il nous vient un cousin ;
      Zifte, zeste,
    Qu'il est preste !
     Malepeste !
    Comme il va,
Prôner par tout ce nom là.
Mais s'il nous voit menacé de l'orage.
      Qu'il est sourd !
      Qu'il est lourd !
      Qu'il est gourd !
    Adieu le parentage.

    Leste & fringuant,
  Le Conseiller pimpant,
Dès qu'il apprend que sa Nimphe l'at-
  tend.
      Zifte, zeste,
    Qu'il est preste !
    Malepeste,
          C v

Comme il va?
Dans un inſtant l'y voilà :
Mais quand il faut aller à l'audience,
Qu'il eſt ſourd !
Qu'il eſt lourd !
Qu'il eſt gourd !
Plaideur, prends patience.

❧

Lorsque Colin
D'un air tendre & badin,
Veut ſurprendre un amoureux larcin.
Ziſte, zeſte,
Qu'il eſt preſte !
Malepeſte,
Comme il va !
C'eſt un charme que cela.
Liſe lui dit un mot du Mariage ;
Il eſt ſourd !
Il eſt lourd !
Il eſt gourd !
Le badin devient ſage.

LE DÉPIT.
(Nᵒ. 49)

Oui, pour toujours
Sans retour,
Je romps en ce jour
Avec l'Amour.

Oui, pour toujours
Sans retour,
Je quitte l'Amour.
Quand ce Dieu nous engage,
Il eſt ſéduiſant,
Mais le badinage
Avec lui ſouvent
Nous laiſſe en partage,
Après un paſſager plaiſir,
Le repentir.

(Nº. 50.)

NE penſe plus à Manon,
Non, non,
Ne prononce plus ſon nom,
Non, non ;
Mais j'aperçois ce Tendron,
Tiens donc foible Damon
Contre ſon œil fripon
Bon.
Que d'appas ! quel eſt mon trouble !
Ma flamme à ſon aſpect redouble :
Contre le Dieu des Amours ;
Je t'implore Bacchus, prête moi ton
ſecours.

(Nᵒ. 51.)

Je veux, las d'une aveugle tendresse,
La noyer dans le vin ;
Que l'yvresse,
D'une ingrate Maîtresse,
Me venge enfin ;
Plus de foiblesse,
Ton jus,
Cher Bacchus,
M'en découvre l'abus,
Je veux, las d'une aveugle tendresse,
La noyer dans le vin.

VAUDEVILLE

(Nᵒ. 52.)

A l'enfant de Venus,
Quand ses traits sont connus,
L'on refuse la porte,
Contre lui l'on s'emporte,
L'aspect de Cupidon,
Effarouche un tendron ;
Mais qu'il emprunte un nom,
Une allure, un jargon,

Le cœur le plus fantasque,
Trouve l'Amour,
Toure loure lour,
Fort joli sous le masque.

Qu'un jeune Cavalier
Sur un ton d'écolier,
Cajole sa voisine,
On lui fera la mine ;
Quand le drole plus fin
Lui dit d'un air malin,
Rions d'un ton badin,
Je suis un bon voisin ;
Ne craignez point le frasque :
Ah ! que l'Amour,
Toure loure lour,
Est joli sous le masque.

Un objet inconnu,
Fuit un blondin pressant,
Et se plaint à sa Mere
De ce qu'on veut lui plaire ;
Mais qu'un cousin boufson,
S'y prenne sans façon,
La Belle sans soupçon,
Cousine outre raison ;

Son cœur va comme un basque:
Ah! que l'Amour,
Toure loure lour,
Est joli sous le masque.

Le Guerrier, en Amour,
Marche au bruit du tambour
Et souvent son audace,
Lui fait manquer sa place,
Mais un Abbé discret,
Sans dire son secret,
Va doucement au fait,
Et le petit colet
L'emporte sur le casque,
Ah! que l'Amour;
Loure loure lour,
Est joli sous le masque.

Les antiques galands,
Muguets à cheveux blancs,
Ont beau cacher leurs nuques
Sous des noires perruques;
On souffre le Barbon,
Qui lâche le teston;
Mais lorsque le Grison
Ne soutient d'aucun don;

L'offre d'un cœur trop flasque,
Ma foi l'Amour,
Toure loure lour,
N'eſt plus beau ſous le maſque.

****

LE DÉPART FEINT.

(Nº. 53.)

JE vais partir, belle Liſette,
Puiſque je ne puis t'attendrir,
En te quittant je vais mourir,
Tu n'en es pas plus inquiette,
Je vais partir, je vais partir.

VEUX-tu toujours être muette ?
Parle du moins par un ſoupir ;
Quoi je ne puis rien obtenir ?
Adieu trop aimable Brunette,
Je vais partir, je vais partir.

J'ALLOIS quitter ſes tendres charmes,
Quand je vis la Belle frémir,
Quel attrait ſçut me retenir ;
Ah ! dit-elle, en verſant des larmes,
Tu vas partir, tu vas partir.

Embrasé d'un trait plein de flâme,
Je baisai ses mains à loisir ;
Ah ! dis-je alors, que de plaisir !
Embrassons nous donc ma chere ame,
Je vais partir, je vais partir.

LES DELICES DE LA TABLE.

(N°. 54.)

A LA plus délicate yvresse
Livrons nos cœurs dans ce festin ;
Mêlons aux jeux de la tendresse
Les chansons, les ris & le vin ;
Les Dieux, en buvant à la ronde,
Ne pensent point au genre humain ;
Oublions comme eux tout le monde,
Qui peut nous causer du chagrin ?

Des charmes dont brille la terre
Cette table est un racourci,
Esprit, beauté, bon vin, grand' chere,
Belle humeur tout se trouve ici ;
Laissons les Dieux boire à la ronde,
Amis ne soyons point jaloux ;
Nous pouvons joyeux dans ce monde,
Goûter les plaisirs les plus doux.

Que chacun boive à ce qu'il aime,
Et qu'il y boive tendrement;
De cette volupté suprême
Rappellons cent fois le moment;
C'est ainſi que ſe fait la ronde
Au céleſte banquet des Dieux;
Imitons ces Maîtres du monde,
Amis pouvons nous faire mieux?

A ta ſanté belle Silvie,
A ce qui te touche le cœur,
Que mon ame ſeroit ravie,
Si c'étoit ma ſincère ardeur;
Les Dieux, en buvant à la ronde,
N'auroient pas un plus grand bonheur
Je croirois être Roi du monde,
Si je devenois ton vainqueur.

LES REGRETS.

Air. *A notre bonheur l'Amour préſide.*

(N°. 55.)

Je reconnois ce triſte boccage,
Si funeſte à ma tranquilité,
C'eſt ſur ce gazon, ſous cet ombrage
Que j'ai perdu ma félicité:

C'eſt là que Tircis ſur ſa Muſette,
D'une ardeur parfaitte
Exprime ſes feux,
J'ai fait l'aveu d'un amour extrême
Qui malgré moi-même,
Parut dans mes yeux.

❧

CERTAINE rougeur ſur mon viſage,
Mon air diſtrait, mon ſein agité,
Mon innocence & mon peu d'uſage,
Tout lui dévoiloit la vérité :
Il me prend la main, j'étois tremblante,
Mon trouble s'augmente
A chaque moment,
Pour combattre le feu qui l'anime,
Ma bouche s'exprime,
Et mon cœur la dément.

❧

OUI, Thémire, oui je vous adore,
Me diſoit-il ſi tendrement,
Que je ne voye jamais l'Aurore
Si je ceſſe d'être votre Amant :
Si je renonce au ſoin de vous plaire
D'une autre Bergere,
Si je ſuis les pas,
Que le tendre Amour qui voit ma flâme
Ne livre mon ame
Qu'à des cœurs ingrats.

❧

CES coulants ruiſſeaux, cetre verdure
Et la préſence de mon vainqueur,
Dans cet inſtant tout dans la nature
Se réuniſſoit contre mon cœur,
Les premiers efforts de ſa tendreſſe
        Sont par ma ſageſſe,
        D'abord repouſſez,
Je n'oſe en exprimer davantage,
        Il devint volage,
        C'eſt en dire aſſez.

A I R.

(Nº. 56.)

REVENEZ, cher Amant,
Il n'eſt plus temps de cacher ma foibleſſe
        Revenez, cher Amant,
        Soulager mon tourment.

    QUOI tu fuis! Tu te plais à nourrir
        ma triſteſſe,
            Je ne puis y reſiſter:
    Cruel je vais mourir, rien me peut
        m'arrêter,
    Je meurs, hélas! & je meurs de ten—
        dreſſe.

        REVENEZ, &c.

LE SOUPÇON DÉTRUIT.

(Nº. 57.)

QUEL caprice,
Quelle injuſtice !
Quoi ta Clarice
Trahiroit tes feux !
Quel caprice,
Quelle injuſtice !
Non, ta Clarice
Veut te rendre heureux.

ET de quoi peux-tu m'accuſer ?
Licas me derobe un baiſer,
C'eſt malgré moi :
Mon cher Tircis, rappelle toi
Ce dangereux boccage,
Où pour le prix de ton tendre hommage
Tu reçus ma foi :

MAIS, que vois-je ? Ton dépit ceſſe,
De ta tendreſſe
Mon cœur va jouir;
A mes tranſports tu t'abandonne,
Tu me pardonne,
Dieux ! quel plaiſir.

LE SOMMEIL D'IRIS.
A I R.
(N°. 58.)

Oiseaux, de mon Iris respectez le
   sommeil,
Dans les bras de l'Amour songez qu'elle
   repose ;
   Je connois à son tein de Rose
De quel prix pour mon cœur deviendra
   son réveil
Dans ces lieux elle vient de me rendre
   les armes,
Elle dort sous les loix des plus charmans
   désirs,
Je la vois qui s'éveille, ô Dieux ! quelle
   a de charmes !
Oiseaux recommencez à chanter mes
   plaisirs. *bis.*

VAUDEVILLE.
(N°. 59.)

Prenez de nos bouquets,
   Ils sont tous frais,

Prenez ma double violette,
Galands ils font pour vous
Des œillets doux ;
Venez en faire emplette,
Approchez mon beau garçon,
De nous achetez donc
Quelque fleurette,
La Rose & le bouton
D'Amourette,
La Rose & le bouton.

VENEZ & m'écoutez
Jeunes beautés,
Qui vous plaisez au jardinage,
Veillez avec grand soin ;
Chassez au loin
Le Papillon volage ;
Profitez de ma leçon
Et craignez le Frélon
Qui toujours guette,
La Rose & le bouton
D'Amourette,
La Rose & le bouton.

FERMEZ votre jardin ;
L'Amour malin,

Des Roſes feroit un pillage ;
C'eſt un méchant enfant,
Il eſt content,
S'il cauſe du dommage ;
Il engeole la raiſon
Et le petit fripon
Cueille en cachette ;
La Roſe & le bouton
D'Amourette,
La Roſe & le bouton.

RICHESSE du Printems
Pour les Amans,
Naiſſez, empreſſez-vous d'éclore,
Brillez en ce ſéjour ;
Que de l'Amour
La flamme vous colore ;
Une fleur eſt un beau don,
Dans la verte ſaiſon,
Chacun ſouhaitte
La Roſe & le bouton
D'Amourette,
La Roſe & le bouton.

JE t'aime ſans détours,
Et pour toujours ;

Mon amitié n'eſt point légere,
Elle a plus de fraicheur
Que cette fleur,
Et n'eſt point paſſagere ;
Cher Amant je t'en fais don,
Reçois auſſi Raton
De Roſette,
La Roſe & le bouton
D'Amourette,
La Roſe & le bouton.

CHANSON.

(Nº. 60.)

D'AIMER Catin,
Peut-on ſe défendre,
Elle a le cœur ſi tendre,
Le minois ſi fin,
Son coup d'œil aſſaſſin,
Son jargon enfantin,
Son doux ſourire ;
Tout en eſt divin,
Main,
Tein,
Sein,
Cupidon la fit pour ſéduire,
Tout le genre humain.

O ! tems

O! tems heureux
Où la terre & l'onde,
Dans une paix profonde,
Se trouvoient toujours ;
Dans nos champs les Amours
S'expliquoiens fant détours:
Leur loi suprême
Régloient tous nos pas.
O! tems heureux
Où l'on ne difoit point, j'aime,
Quand on n'aimoit pas.

CHANSONNETTE.

(N°. 61.)

BRILLANTES fleurs,
Vos vives couleurs
De nos plaifirs font l'image ;
Leur tendre éclat,
Eft fi délicat
Qu'un foufle, un rien, l'endommage ;
Il faut cueillir
La Rofe fans la flétrir,
Et fans ternir,
Sans affoiblir le défir ;

Tome VIII.   D

Faiſons chaque jour
Renaître l'Amour,
Et conſervons ſes attraits
Frais.

***************** *****************

LES PESCHEURS.

VAUDEVILLE.

(N°. 62.)

Jeunes Pêcheuſes, ſur ces rives,
Lorſque vous êtes attentives
Pour ſurprendre un poiſſon fugitif,
Vous ne ſongez pas à vous même
Et l'Amour par ce ſtratagême
Rendra bientôt votre cœur captif;
Quoi que l'on diſe, quoi que l'on faſſe
Il faut tomber dans les piéges d'Amour:
Quand il tend ſa naſſe
Chacun s'y prend à ſon tour.

Pour prendre de ſimples fillettes
Les bons appas ſont des fleurettes,
Un ruban, un bouquet, un pompon;
Quand ces poiſſons ont plus de force
On n'en prend point à cette amorce,
Mais il faut bien dorer l'hameçon:

Quoi que l'on dife, quoi que l'on faffe
Il faut tomber dans les piéges d'Amour :
    Quand il tend fa naffe
Chacun s'y prend à fon tour.

VOULEZ-VOUS prendre une coquette
Ce poiffon vient fans qu'on le guette,
Mais il faut de l'éclat & du bruit :
La prude fe pêche en eau trouble,
Qu'en fecret votre foin redouble
Un rien l'effraye & le jour vous nuit ;
Quoi que l'on dife, quoi que l'on faffe
Il faut tomber dans les piéges d'Amour :
    Quand il tend fa naffe
Chacun s'y prend à fon tour.

L'AMOUR eft un Pêcheur habile
Aux Champs, à la Cour, à la Ville,
Tout vient fe rendre dans fes filets ;
Et l'on y voit en abondance
Les gros Brochets de la Finance,
Et le Fretin de petits colets ;
Quoique l'on dife, quoique l'on faffe
Il faut tomber dans les piéges d'Amour :
    Quand il tend fa naffe
Chacun s'y prend à fon tour.

LE Magifter de ce village,
Qui fait le grave perfonnage
Surprit un jour Jeanne avec Lucas;
Contre Lucas il fit tapage
Et le gronda d'un air fauvage;
Et puis à Jeanne il parla tout bas:
Quoique l'on dife, quoique l'on faffe
Il faut tomber dans les piéges d'Amour,
Et quand il tend fa naffe
Chacun s'y prend à fon tour.

CHANSON ANACRÉONTIQUE.

AIR. *Quoi vous partez fans que rien
vous arrête.* (N°. 34.)

LE doux Printems a ranimé nos plai-
nes,
Zéphire & Flore enfin font de retour;
Faut-il toujours vous parler de mes peines;
Quand les oifeaux ne chantent que
l'Amour?

Le doux Printems a ranimé nos plaines,
Zéphire & Flore enfin font de retour.

A QUOI vous sert cette aimable figure ?
Pour qui sont faits des yeux si pleins
    d'appas ?
C'est abuser des dons de la nature,
Aimable Iris, que de n'en user pas.

A QUOI vous sert cette aimable figure ?
Pour qui sont faits des yeux si pleins
    d'appas ?

FLATEUSE erreur ! j'ai crû cette nuit
    même,
Que vous étiez favorable à mes vœux ;
Vous me disiez, cher Tircis, je vous
    aime ;
Vous étiez prête à couronner mes feux.

FLATEUSE erreur ! j'ai crû cette nuit
    même,
Que vous étiez favorable à mes vœux ?

UN prompt réveil écartant le men-
    songe,
Ne m'a laissé qu'un frivole regret ;
Soyez pour moi plus inhumaine en songe,
Et devenez plus humaine en effet.

UN prompt réveil écartant le men-
    songe,
Ne m'a laissé qu'un frivole regret.

CUEILLONS les fleurs, que la saison
nouvelle
Fait doucement éclore sous la main;
La Rose passe & cesse d'être belle,
Qnand on remet son usage à demain.

CUFILLONS les fleurs, que la saison
nouvelle
Fait doucement éclore sous la main.

* * * * * * * * * * * * * * * *

LA BERGERE INDIFFÉRENTE.

(N°. 63.)

UN jour sur un riant coteau,
La Bergere Nanette,
En faisant paître son troupeau,
Dit cette Chansonnette:

AMOUR, tes fléches sur mon cœur
Resteront toujours vaines;
J'estime trop peu ta douceur,
Et je crains trop peu tes peines.

JE cherche un plaisir innocent
Au sein de la nature:
J'aime à voir un Pré naissant,
Un tapis de verdure.

Je chéris la simplicité ;
J'abhorre l'imposture ;
Je n'eus jamais la vanité
D'être belle en peinture.

❀

D'un Arbrisseau les verds rameaux
Composent ma coëffure,
Et les écorces des ormeaux
Me servent de chaussure.

❀

Je m'en tiens à la propreté,
C'est ma seule parure ;
J'ai pour essence de beauté
Une source d'eau pure.

❀

Par l'eau les Prés sont reverdis,
Et les fleurs sont écloses ;
J'y puise la blancheur des lys,
Et l'incarnat des Roses.

❀

Mon miroir est le fond des eaux,
Un rocher ma toilette ;
Là, souvent de bouquets nouveaux
J'orne ma collerette.

❀

Quand le troupeau dans mon réduit
Revient de la pâture,
Des fruits qu'un Jardinet produit,
Je fais ma nourriture.

❀

LES rayons brillants du soleil
Eclairent ma chaumière;
Je me livre au tendre sommeil,
Quand je perds sa lumière.

AINSI je coule d'heureux jours,
Insensible Bergere;
Je ris de vos folles amours,
Esclaves de Cythère.

LE SAGE DU TEMPS.

(N°. 64.)

DU sçavoir je me defie,
J'en suis peu jaloux;
Histoire, Philosophie,
Je ne pense point à vous;
Entre Bacchus & l'Amour,
Je partage le jour.

CES Dieux à mes vœux propices,
Font mes seuls plaisirs;
Et par d'heureux artifices,
Enchaînent tous mes désirs,
Entre Bacchus & l'Amour,
Je partage le jour.

Si la tristesse m'obsede,
Par son noir venin,
Je cours vîte à mon remede,
Ma Philis & de bon vin :
Entre Bacchus & l'Amour,
Je partage le jour.

❧

Loin de moi, sombre sagesse ;
Es-tu de saison ?
Plein de vin & de tendresse,
Puis-je écouter la raison ?
Entre Bacchus & l'Amour,
Je partage le jour.

❧

Par un aimable mensonge,
L'avenir séduit :
Le passé n'est plus qu'un songe ;
Le présent seul me suffit.
Entre Bacchus & l'Amour,
Je partage le jour.

❧

Tout ici pour moi conspire,
Beaux yeux, vin flateur,
O ! l'agréable délire !
Voudrois-je garder mon cœur ?
Entre Bacchus & l'Amour,
Je partage le jour.

❧

D. V

Quand je tiens Philis à table,
Que je suis content !
Oui, la Parque pitoyable,
Y file plus lentement.
Entre Bacchus & l'Amour,
Je partage le jour.

❧

Amis, célébrez ma gloire
Par maintes chansons ;
Je sçais aimer, je sçais boire,
Comme un autre Anacréon.
Entre Bacchus & l'Amour,
Je partage le jour.

VAUDEVILLE.

(N°. 65.)

Vous qui croyez que la Justice
A nos vœux deviendra propice,
Et cela sans rien débourser ;
C'est mal penser.
Mais, vous qui doublez le salaire
Du Greffier & du Secretaire,
Et croyez par la triompher,
C'est bien penser.

❧

Amans qui contez des fleurettes,
Et croyez dans vos amourettes,

Bien avancer fans financer ;
C'eft mal penfer.
Mais, vous, Caiffier dans l'abondance
Qui croyez à votre opulence,
Que Philis fe laiffe amorcer,
C'eft bien penfer.

❧

MAMANS, qui ne prêchez fans ceffe
Que vertu, morale & fageffe,
Croyant les mieux faire exercer,
C'eft mal penfer.
Mais vous qui laiffez à vos filles,
Le choix du beau monde ou des grilles,
Sans vouloir, en rien les forcer,
C'eft bien penfer.

❧

PETIT Maître, dont la figure
A grand befoin de la parure,
Qui, minaudant, croyez paffer,
C'eft mal penfer.
Mais vous qui croyez qu'on fe mocque
Du Poupin, & que fa deffroque
Eft ce qui le fait encenfer,
C'eft bien penfer.

❧

Vous qui croyez votre Maîtreffe
Pour tout autre que vous tygreffe,
Que l'or ne pourroit ébranler,
C'eft mal penfer.

Mais vous qui croyez qu'une Belle
Ne puiſſe être deux mois fidelle,
Sans la voir un pas chanceler,
C'eſt bien penſer.

BEAUTEZ, qui croyez que vos charmes
Seront toujours de fortes armes,
Qu'Hymen ne pourroit ébranler ;
C'eſt mal penſer.
Mais vous qui croyez que la noce
Abrége le tendre négoce,
D'un Amour prêt à s'éclipſer,
C'eſt bien penſer.

****

LES AMANTS HEUREUX.

AIR. *A l'ombre de ce verd boccage.*

(N°. 36.)

LE beau Tircis dans un boccage
Chantoit l'objet de ſon amour ;
Le Roſſignol par ſon ramage
Sembloit le chanter à ſon tour.
Seconde moi, doux interprete,
Diſoit le Berger malheureux ;
Joins aux doux ſons de ma Muſette
Tes accens les plus amoureux.

ECHOS, dites à ma Bergere
Ce que mes yeux ont dit cent fois;
Que n'ai-je pas fait pour lui plaire?
J'ai mêlé mes chants à sa voix,
J'ai gardé sa brebis chérie,
J'ai caressé souvent son chien,
Et l'Ingrate fuit la prairie
Où son troupeau se joint au mien!

TANDIS que ce Berger si tendre
Soulageoit ainsi ses tourmens,
La Bergere se fit entendre,
Il reconnut ses doux accens.
Viens, cher Tircis, disoit la Belle,
C'est toi qui fais tous mes plaisirs,
Amant soumis, Amant fidèle,
Je partage tous tes soupirs.

PLEINS de l'ardeur qu'Amour inspire
Le Berger joint cette Beauté,
Il pleure, il gémit, il soupire;
La Bergere, de son côté,
Le considérant d'un air tendre,
» Lui dit : je me rends à tes feux;
» Hélas! pourrois-je m'en défendre?
» L'Amour veut que tu sois heureux.

» AIMONS-nous, tout nous y convie,
» Aimons pour le plaifir d'aimer.
» Qu'il eft doux de paſſer ſa vie
» Auprès d'un fidele Berger !
» Loin du tumulte & des allarmes
» Voyons ici couler nos jours,
» L'Amour ſeul fera tous nos charmes ;
» Aimons, Tircis, aimons toujours.

CHANSON BACCHIQUE.

AIR. *Reveillez-vous belle endormie.*
(Nº. 66.)

NOs plaiſirs feront ſans allarmes,
Chers amis, buvons nuit & jour,
Bacchus nous fait verſer des larmes
Plus douces que celles d'Amour.

RIEN, à mon ſens, n'eſt plus aimable
Que ce jus charmant & divin ;
Ne ſortons pas ſi-tôt de table,
Demeurons y juſqu'à demain.

UNE Iris charmante & cruelle,
De nos ans abrége le cours ;
Le vin éclaircit la prunelle,
Sa douceur prolonge nos jours.

Que tardons-nous, cher camarade,
Buvons vingt coups le verre plein ;
Commençons par cette rafade,
A noyer l'Amour dans le vin.

Mélons les plaifirs de la vie,
Prenons le verre d'une main ;
De l'autre, careffons Silvie ;
Eft-il un plus charmant deftin ?

APOLOGUE.

Airs. *J'avois toujours gardé mon cœur,*
ou *que j'eftime mon cher voifin.*
(N°. 67.) (68.)

Sur un arbre un Corbeau tenoit
En fon bec un fromage ;
Un Renard le fentant, difoit :
J'en gouterai, je gage.

He ! bon jour, Monfieur du Corbeau,
Lui dit le fin compere ;
Ah ! que vous me paroiffez beau !
Je ne fçaurois m'en taire.

Si la beauté de votre voix,
Peut répondre au plumage,
Sur tous les hôtes de ces bois
Vous avez l'avantage.

Le Corbeau s'entendant vanter,
Ne se sent pas de joie;
Il ouvre le bec pour chanter,
Et laisse aller sa proie.

Le Renard la prend, & lui dit:
Ecoutez bien, beau Sire;
Qui nous vante & nous applaudit,
Souvent cherche à nous nuire.

PASTORALE.
(N°. 69.)

Tircis disoit à la jeune Lisette,
Cruelle, vous fuyez mes yeux;
Sans cesse votre ame inquiette,
Rebute mes soins & mes vœux.
Amour, est-ce là la constance,
Dont tu flattois mon espérance?

Lorsque je viens au jour de votre
  fête
Vous faire hommage de ces fleurs,
A l'inftant vous tournez la tête,
Et me payez par des rigueurs :
Amour, eft-ce là la conftance
Dont tu flattois mon efpérance ?

Tous mes défirs fe bornent à vous
  plaire,
Ne me l'avez-vous pas permis ?
Mon cœur eft fidele & fincere,
A vos ordres il eft foumis :
Amour, eft-ce là la conftance,
Dont tu flattois mon efpérance ?

Je n'aurois pas dans mon bonheur ex-
  trême
Changé mon fort contre les Dieux,
Quand vous m'avez donné vous même
Un bracelet de vos cheveux :
Amour, eft ce là la conftance,
Dont tu flattois mon efpérance ?

Que faifois-tu, lui répond la Ber-
  gere,
Un matin auprès d'Ifabeau ?
Ingrat, tu ne m'attendois guere,
Pour témoin de ce feu nouveau.

Amour, est-ce là la constance,
Dont tu flattois mon espérance?

VOUS sçavez bien qu'Hylas porte sa
chaîne,
N'étoit-il pas auprès de vous?
Je vous attendois inhumaine;
Mais attendois-je ce courroux?
Amour, est-ce là la constance,
Dont tu flattois mon espérance?

EN même temps il regarda la Belle,
Et laissa couler quelques pleurs;
Un souris finit la querelle;
C'est là le langage des cœurs.
Amour, reconnois la constance
Dont tu flattois leur espérance.

BERGER, dit-elle: hélas! faut-il te
croire?
J'ai trop de foiblesse pour toi:
Mon dépit couronne ta gloire;
Du moins n'aime jamais que moi.
Amour, ce sera ta constance,
Qui comblera notre espérance.

Loin de ces lieux, affreuse jalousie,
Ne trouble plus de si beaux nœuds;
Ne nous occupons dans la vie
Que du soin de nous rendre heureux.
Amour, ce sera ta constance,
Qui comblera notre espérance.

IMITATION D'HORACE.
(Nº. 70.) (66.)

TIRCIS.

TANDIS que tu m'aimois, SILVIE,
Tandis que tu n'aimois que moi,
Je n'aurois pas changé ma vie
Pour le destin du plus grand Roi.

SILVIE.

LORSQUE, préférée à Climene,
TIRCIS, je plaisois à tes yeux,
Je n'aurois pas pour être Reine
Changé mon destin glorieux.

TIRCIS.

CLIMENE est maintenant ma belle;
Nous brûlons d'une même ardeur,
S'il me falloit mourir pour elle,
La mort seroit douce à mon cœur.

SILVIE.

A Mirtil j'ai rendu les armes,
Je suis son Amante aujourd'hui,
La mort auroit pour moi des charmes
S'il la falloit souffrir pour lui.

TIRCIS.

MAIS si je rentrois dans la chaîne
Dont tu me voyois si charmé...
Si mon cœur oubliant Climène,
Pour toi se trouvoit renflammé...

SILVIE.

BIEN que tu sois un infidele,
Et que Mirtil ait mille appas,
J'éteindrois mon ardeur nouvelle
Pour t'aimer jusques au trépas.

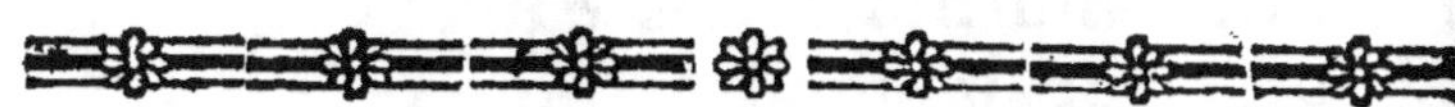

PRINTEMS.

(N°. 71.)

DANS nos champs glacés tout va re-
    naître,
  Le Printems est de retour,
Le Zéphir & Flore vont paroître;
Livrons nos cœurs au tendre Amour.

A L'OMBRE d'un orme ou d'un hêtre,
Il eft temps qu'Amour ait fon tour.

DANS nos champs glacés tout va re-
naître,
Le Printems eft de retour,
Le Zéphir & Flore vont paroître
Livrons nos cœurs au tendre Amour.

PRÉFÉRONS l'amufement champêtre,
Aux plaifirs qu'on goûte à la cour.

DANS nos champs glacés tout va re-
naître,
Le Printems eft de retour,
Le Zéphir & Flore vont paroître
Livrons nos cœurs au tendre Amour.

FUYONS les Palais, allons, Bergere,
Au doux murmure des eaux,
Ecouter fur la tendre fougere,
Ce que nous difent ces oifeaux.

OCCUPÉ d'un fi doux myftere,
L'Amour gardera nos troupeaux.

FUYONS les Palais, allons, Bergere,
Au doux murmure des eaux,
Ecouter fur la tendre fougere,
Ce que nous difent ces oifeaux.

Bannissons la vertu trop severe,
Qui veut gêner des feux si beaux.

Fuyons les Palais, allons, Bergere,
Au doux murmure des eaux,
Ecouter sur la tendre fougere,
Ce que nous disent ces oiseaux.

VAUDEVILLE
De la Comédie d'Arlequin Hulla.

(Nº. 72.)

Si vous voulez voir des époux
    Facheux, jaloux,
    Venez chez nous,
Vous en verrez en abondance,
Mais si vous cherchez des Maris,
Qui soient commodes & polis,
    Allez en France.

Ici, l'on termine un Procès,
    Avec succès,
    A peu de frais,
Et dès la premiere audience;
Mais si vous voulez chicaner,
Bien attendre & vous ruiner,
    Plaidez en France.

Lorsque l'on nous grille chez nous,
C'est aux vèrroux,
Que nos époux,
Doivent toute notre conftance;
Mais lorfque par un heureux fort,
Nous prenons une fois l'eflor,
C'est comme en France.

Quand des *Hullas* dans ce pays
Sont établis,
C'est aux Maris,
Qu'ils doivent cette préférence :
Ailleurs on ne fuit point ces loix;
C'est par les Femmes que le choix
S'en fait en France.

Les Peuples des autres climats,
Moins délicats,
Ne fçavent pas,
Décider avec connoiffance.
Où peut-on trouver des efprits,
Qui du bon connoiffent le prix ?
Ce n'est qu'en France.

****

MUSETTE.
(Nº. 73.)

DANS nos paisibles retraites,
Occupés du soin de charmer,
Nous goutons des douceurs parfaites ;
Nous sçavons nous faire aimer.

Aux doux sons de nos Musettes,
Tous les cœurs sont attendris ;
Et nos vives chansonnettes
De nos desirs nous obtiennent le prix.

DANS nos paisibles, &c.

SANS soupirer & sans nous plaindre,
Sans avoir de jaloux à craindre
Nous profitons des beaux jours.

LA tendresse est pour la jeunesse,
Livrons nous sans cesse aux ris,  *bis.*
aux amours.

DANS nos paisibles retraites,
Occupez du soin de charmer,
Nous goutons des douceurs parfaites ;
Nous sçavons nous faire aimer.

LE MOMENT.

(N°. 74.) (28.)

AMIS, je ne veux plus boire,
J'entends l'heure du Berger,
L'Amour m'offre une victoire,
Que je ne puis négliger;
Ne retardez pas ma gloire,
Un moment peut tout changer

J'ADOROIS une cruelle,
Qui méprisoit ma langueur;
Mais par hazard, de la belle
Je viens de fléchir le cœur;
Un moment trop tard, près d'elle,
Peut reveiller sa rigueur.

SA vertu foible & mourante,
Pousse le dernier soupir,
Son humeur indifférente,
Devient sensible au plaisir:
Le doux moment se présente;
Je vais vîte le saisir.

Tome VIII.   E

LA constance & la tendresse,
Les soins, les soupirs, les pleurs,
Rarement d'une Maîtresse
Nous attirent les faveurs :
Un seul moment de foiblesse
Fait plus que dix ans d'ardeurs.

CE n'est point le vrai mérite,
Qui fait un heureux Amant :
On le prend comme on le quitte,
Sans trop sçavoir bien comment ;
Quelque fois la réussite
Roule sur un seul moment.

UN je ne sçai quoi bizare,
Tient souvent lieu de vertu.
Telle vous traite en barbare,
Quoique par tout bien venu,
Qui tout d'un coup se déclare,
En faveur d'un inconnu.

UN Magot épouvantable
Tortu d'esprit & de corps ;
Quelque fois d'une indomptable
Triomphe avec peu d'efforts,
Tandis que l'Amant aimable
Seche au feu de ses transports.

Amis, de cette morale
Voici ce que je conclus ;
Que telle, aujourd'hui vestale,
Peut demain ne l'être plus ;
Et qu'un bon moment égale
La Lucréce à la Venus.

INVITATION BACCHIQUE.
(N°. 75.)

Prenons tous le verre en main,
Buvons à notre aimable Hôtesse.
Prenons tous le verre en main
Et buvons jusqu'à demain.

En versant de ce jus divin
Ses beaux yeux versent dans mon sein
Plus d'amour & de tendresse,
Qu'il n'y coule de vin.

Prenons tous, &c.

Son esprit charmant & fin
Répand la vive allegresse,
Qu'on respire en ce Festin,
Chers Amis, crainte d'en voir la fin ;

Prenons tous, &c.

E ij

LE plus grand plaisir de tous
N'est qu'auprès de cette merveille ;
Le plus grand plaisir de tous
N'est connu que de son époux.

DIEU du vin, ne sois point jaloux,
Si nous lui rendons coups sur coups
Même hommage qu'à la treille
Par nos tendres glous glous.

LE plus grand, &c.

ARIANE aux yeux si doux,
Quoique beauté sans pareille,
Etoit encore au dessous ;
Viens, Bacchus ; tu diras comme nous,

LE plus grand, &c.

L'ANACRÉON MODERNE.

(N°. 76.)

LA Fable a voulu faire voir
En nous peignant Daphné rébelle,
Qu'un étalage de sçavoir
Ennuya toujours une Belle.
Le vin, l'amour & les chansons,
A-t-on besoin dautres leçons ?

IDOLES d'un nombre de fots,
Perte de temps, vaine fcience,
Magazins de faits & de mots
Qu'un autre que moi vous encenfe.
Le vin, l'amour & les chanfons,
A-t-on befoin d'autres leçons ?

SOIXANTE fiècles écoulés,
D'un Sçavant occupent la tête,
Il parlera, fi vous voulez ;
Mais près de nous c'eft une bête.
Le vin, l'amour & les chanfons,
A-t-on befoin d'autres leçons ?

VOUS, Géometres, qui fçavez,
On vous l'accorde fans envie,
Ditez-nous, fi vous le pouvez,
L'Art de paffer gayement la vie.
Le vin, l'amour & les chanfons ;
A-t-on befoin d'autres leçons ?

JE chante, je ris & je boi
Du vin que me verfe Climène ;
C'eft là mon fçavoir, mon emploi ;
Le refte coute trop de peine.
Le vin, l'amour & les chanfons ;
A-t-on befoin d'autres leçons ?

E iij

LE TRIOMPHE DE BACCHUS.
(N°. 77.)

QUELLE ardeur
Coule dans mon cœur !
Dieu de la treille
Ton jus me reveille.
Quelle ardeur
Coule dans mon cœur !
Chere bouteille
Tu fais mon bonheur.

DIEU d'Amour qui regnois sur moi,
Vois Bacchus triompher de toi.
J'ai langui sous ta dure loi,
Je suis content depuis que je boi.
Plus d'Aminte,
Vive ma pinte :
Les cœurs amoureux,
Ne sçauroient être heureux.

A I R.
(N°. 78.)

QUE je crains de Tirsis le respect dangereux !
Et que ses regards amoureux

»Avec ſon cœur toujours d'intelligence
»Me font redouter ſon ſilence !
    Par ce langage ingenieux
»Amour, cauſe à mon cœur de ſecrettes
        allarmes ;
    Hélas ! je me défendrois mieux } *bis.*
    Contre les ſoupirs & les larmes. }

PASTORALE.
(N°. 36.)

UN jour Tircis dit à Nanette,
L'objet de ſes plus chers deſirs,
Tu m'as promis, belle Brunette,
De partager tous mes ſoupirs ;
Mais que j'y vois peu d'apparence,
Ingrate, tu n'aimes pas bien :
Ah ! grands Dieux ! quelle différence
Entre ton amour & le mien !

LORSQUE je chante ſur l'herbette
L'Amour dont mon cœur ſuit la loi,
Les plus doux ſons de ma Muſette
N'ont rien d'agréable pour toi.
Je te vois garder le ſilence
Et badiner avec ton chien ;
Ah, grands Dieux ! quelle différence
Entre ton amour & le mien.

Lorsqu'a la Fête du village
On se rassembla sous l'ormeau,
Je craignois de te faire ombrage,
J'évitois l'objet le plus beau.
Tu pris Silvandre dans la danse,
Il eut long-temps ton entretien :
Ah, grands Dieux ! quelle différence
Entre ton amour & le mien.

Je le vois bien, la jalousie,
Répondit Nanette en courroux :
S'empare de ta fantaisie
Et te fait ressentir ses coups.
Tu me fais perdre patience
Quand tu te vantes d'aimer bien.
Ah, grands Dieux ! quelle différence
Entre ton amour & le mien.

Il faut cesser de te déplaire,
Repliqua Tircis à l'instant :
Je sçaurai désormais me taire,
Je paroîtrai toujours content.
Si tu me donnes l'espérance
De nous unir d'un doux lien,
Je ne vois plus de différence
Entre ton amour & le mien.

LA MÉPRISE DE CUPIDON.

AIR. *Je suis né pour le plaisir.* (N°. 79.)

LA mere du tendre Amour,
　　Nuit & jour soupire ;
Ou n'entend plus dans sa cour,
　　Folâtrer, chanter & rire ;
　　Venus a perdu son fils,
　　La perte a banni les ris
　　De son charmant Empire.

HUMAINS, dit-elle, en pleurant,
　　Si mon mal vous touche,
Cherchez-moi mon cher enfant.
Vous connoissez le farouche ;
　　Celui qui le trouvera,
　　Pour sa peine cueillera,
　　Trois baisers sur ma bouche.

CALMEZ vos chagrins affreux,
　　Brillante Déesse,
Angelique a dans ses yeux
L'objet de votre tendresse ;
Votre fils la prend pour vous,
　　Il s'y cache, & de ses coups
　　Je suis percé sans cesse.

E v

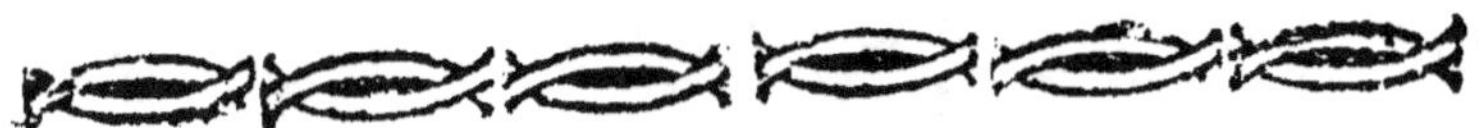

LE PRINTEMS.
(N°. 80.)

BELLE saison,
Tendre gazon,
Ta verdure est inimitable ;
Dès le matin,
Avec Catin
J'en fais ma table.

L'AMOUR nous conduit,
Bacchus nous suit
A petit bruit :
Dès que la nuit
Le poursuit,
Il s'enfuit.
C'est-là qu'en bonne mere
La Reine de Cythère,
Et la nuit & le jour
Fait triompher l'Amour.

LE PORTRAIT DE L'AMOUR.

(Nº. 81.)

VOus êtes ma belle Amourette ;
J'ai tout quitté pour être à vous.
Je fouffre, mais je fuis jaloux
Du mal que vous me faites.
Un jour fi vous m'aimez, Lifette,
 Mon mal deviendra doux.

 RISQUEZ une tendre aventure ;
L'Amour eft un fi doux vainqueur !
Vous feule ignorez le bonheur
 De toute la nature.
De ce Dieu voyez la peinture,
 Et plaignez votre erreur.

 UN charme fecret le fait naître ;
Un tendre defir le retient,
L'efpoir l'anime & l'entretient ;
Les faveurs le font croître.
Voilà l'Amour tel qu'il doit être
Si mon cœur vous obtient.

 E vj

Seul on se plaît dans un boccage
Le tendre Amour aime à rêver.
Un mal qu'on sent fait soupirer
    Il enchante, il engage.
Il est charmant quand sous l'ombrage
Deux cœurs, vont l'éprouver.

Je crois tout voir dans ma Climène,
Pour le reste je suis sans yeux.
Je crois tout avoir dans les lieux
    Où l'Amour me l'amene.
Je ne quitterois pas ma chaîne
Pour être au rang des Dieux.

BRUNETE.

(N°. 82.)

Allons badiner sur l'herbette,
Prenons le chemin des côteaux :
Chacun y tiendra sa Lisette,
Nous jouerons de notre Musette ;
Chacun y tiendra sa Lisette
En voyant paître ses troupeaux.

Livrons nos ames satisfaites
A leur penchant, à leurs désirs :
Tout nous flate dans ces retraites
Ne songeons qu'à nos amourettes :
Tout nous flate dans ces retraites
Goûtons-y les plus doux plaisirs.

C'est dans le fond de nos boccages
Qu'Amour prodigue ses faveurs.
Les Belles n'y sont point volages,
Leurs Amants sont discrets, & sages :
Les Belles n'y sont point volages,
Leurs Amants ne sont point trompeurs.

LES REPROCHES.
(N°. 83.)

Rien,
Pere Cyprien
Ne vous contient,
Rien
Ne vous retient,
Tout vous convient,
Sans distinction :
Vieille ou tendron,
Belle ou laidron,
Dévote ou non,
Dites vous jamais non ?

Tout
Eſt de votre goût,
Vous croquez tout ;
Nos Religieux,
Sont furieux,
De voir ſous leurs yeux,
Quatre Nonains,
Entre vos mains,
Quand chacun d'eux,
N'en a pas deux.

Vous grondez pour un rien,
Pere Gardien,
Calmez vos eſprits :
Comment je ſuis
L'ancien Deſſervant
De ce Couvent,
Et cependant
Je me reſtrains,
A mes quatre Nonains ;
Pourrois-je à moins
Avoir mes beſoins ?
Vos yeux ſont témoins,
Que dans ma jeuneſſe,
Je partageois mes faveurs
Entre douze fringantes ſœurs,
Et contentois leurs ardeurs.

RIEN, &c.

Je sçais de bonne part ,
Que vous avez fait un poupart
Hors de ce Couvent ;
Que va devenir cet enfant ?
Qui le nourrira ,
L'élevera ,
S'en chargera ,
Sera-ce l'Abbesse ?
Elle a peine à nourrir les siens ,
Elle en a refusé des miens ;
Se chargera-t-elle des tiens ,
Tandis qu'elle ne fait rien ,
Pour les enfans d'un Gardien ?
Rien , &c.

AMPHIGOURI.

Même air. (N°. 83.)

Chut ,
C'est en *C sol ut*
Qu'est mon début ;
Tu le prends l'Ami
En *E si mi.*
Jadis Mustapha ,
Sur son sopha ,
M'apostropha ,

En *F ut fa*,
Mais ma voix triompha.
Fi,
C'est mal au Sophi,
Ce gros bouffi,
De mettre en *B mol*,
A l'Espagnol,
Que le Rossignol,
Du grand Mogol,
Fit à Bristol,
Aller saint Paul,
En *G re sol*.

QUAND on blâmoit Orcán,
Du goût Toscan,
L'Abbé de Fécan,
A Manican,
Dans son lit de camp,
Cherchoit Racan,
Mais les Laïs,
De ce pays,
Chiffonerent les plis,
De son surplis,
Dans un bois taillis,
Malgré le bailli,
De la Capadoce,
Lorsque Catilina,
Leur vint chanter *Salve Regina*,
Et fit qu'on détonna.
CHUT, &c.

Au pied du Mont-Etna,
Guſtave Adolphe déjeuna
Avec Dalila,
Qui pour ſon plaiſir logeoit là.
Et Qŷênel donna,
Du Quinquina,
A Molina,
Au bout d'une Croſſe.
Mais un Hermite dans ces lieux
Leur fit venir un oublieux,
Qui leur apprit que leurs neveux,
Ainſi qu'eux,
Et leurs ayeux,
Etoient tous luxurieux.

CHUT, &c.

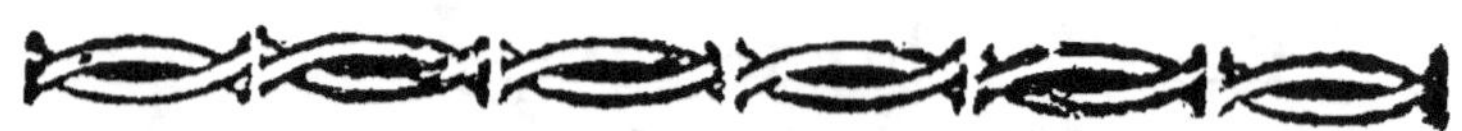

CHANSON A MANGER.

(N°. 84.)

QUoi ! toujours des Chanſons à boire !
N'entendrai - je jamais des Chanſons à
　　manger ?
De la vigne par tout on célébre la gloire ;
Perſonne ne dit mot du jardin potager :

Quel charme, quel plaisir, quand la faim
    nous domine,
De dévorer un Gigot succulent !
Est-on las de manger Perdrix & Becaf-
    sines
On ranime son goût d'un turbot excel-
    lent ?
    Le vin par un effet étrange,
    Met tous nos sens en désaroi ;
    Je pers la raison quand je boi ;
    Je la retrouve quand je mange.

LES REPROCHES VILLAGEOIS.

RONDE.

(Nº. 85.)

UN jour le jeune Colas
Trouvit Lizon sa Bergere,
Qui v'noit de quitter le bras
Du gros Lucas son compere ;
Il l'abordit chapeau bas :
Lui disant vous n'm'aimez guere,
Car tout ça n'vous touche pas,
Hélas ! vous n'm'aimez pas.

Vous n'faites plus du tout de cas
D'un Berger qui parſevere,
Vous déſirez mon trépas
Mais las ! pour vous ſatisfaire
Y m'faudroit un Coutelas,
Mon p'tit cœur vous n'm'aimez guere,
Car tout ça, &c.

Tout chacun dit q'j'ai des rats,
Je n'puis fermer la paupiere,
Je m'chême pour vos appas
D'une terrible magniere,
Autre fois j'étois ſi gras,
Mon p'tit cœur, &c.

Vous diſiais queuqu'fois : Colas,
Paſſe devant notre chaumiere,
Je m'tiendrai deſſus le pas ;
Ce ſouv'nir me déſeſpere,
Nous y prenions nos ébats :
Mon p'tit cœur, &c.

Souvent j'alions tout là bas
Dans ce bosquet solitaire,
Nous promener pas à pas,
En dépit de votre mere
Qui n'sçavoit rien du tracas,
Mon p'tit cœur, &c.

Quand on lui contit le cas
Ça la mit toute en colere,
Pourtant malgré son fracas,
Ma mine vous étoit chere,
C'n'est pas d'même à s'theure, hélas!
Je l'vois bien, &c.

Vous souviant-il ces jours gras
Quand j'fis une Bandouilliere
D'un biau ruban de taf'tas,
Qui vous servoit de jarquiere?
Ni l'chagrin, ni l'embarras
Dans c'tems là n'me troubloient guere,
Mais tout ça, &c.

Si je marmotois tout bas,
Queuque chanson pour vous plaire;
Vous m'disiais en riant: Colas,
La sçais tu bien toute enquiere
J'la chantois à tour de bras,
Mon p'tit cœur, &c.

Faut-il qu'avec tant d'appas
Vous soyez parfide & fiere,
Et que j'parde tous mes pas,
Pour vous avoir cru sincere!
Vous m'plantez là pour Lucas
Hé si donc! vous n'm'aimez guere
Car tout ça n'vous touche pas,
Hélas! vous n'm'aimez pas.

LA PUISSANCE DE L'AMOUR.

CHANSON ANACRÉONTIQUE.

AIR. *Reveillez vous belle endormie.*

(N°. 66.) (70.)

ENFIN la fageffe m'éclaire ;
Je n'offrirai plus à Cypris,
Un encens qui n'a pour falaire
Qu'infidelités ou mépris.

TEL eft à peu près le langage
Que je tenois contre l'Amour ;
Quand la Bergere qui m'engage,
Parut dans fon galant atour.

QUEL port ! quel air ! & quelle grace !
Tout en elle m'a défarmé :
Mon cœur que je croyois de glace
Ne fut jamais plus enflammé.

DANS un doux tranfport, je lui jure
De vivre à jamais fous fa loi ;
Avec tendreffe elle m'affure,
Qu'elle vivra toujours pour moi.

ELLE a de notre amour extrême,
D'un baiser fcelé les fermens ;
Les Dieux dans leur grandeur fuprême,
Goutent des plaifirs moins charmans.

❧

ENVAIN une morale auftere
Contre l'Amour vient déclamer ;
Il n'eft de mortel fur la terre,
Qui ne céde au plaifir d'aimer.

L'AMANT TIMIDE.

AIR. *Daphnis m'aimoit fi tendrement.*

(Nº. 86.)

QUAND mon Amant me fait la cour,
Il languit, il pleure, il foupire,
Et paffe avec moi tout le jour,
A me raconter fon martyre.
Ah ! s'il le paffoit autrement,
Il me plairoit infiniment.

❧

L'AUTRE jour dans un bois charmant,
Ecoutant chanter la fauvette,
Il me demanda tendrement,
M'aimes-tu, ma chere Lifette ?
Je lui dis, oui, je t'aime bien :
Il ne me demanda plus rien.

❧

PUISQUE j'ai fait naître tes feux,
Rien ne flate plus mon envie;
Je suis reprit-il, trop heureux;
O jour le plus beau de ma vie!
Et répetoit à chaque inſtant,
C'en eſt aſſez, je ſuis content.

DE cet Amant plein de froideur
Il faut que je me dédommage;
J'en veux un, qui de mon ardeur
Sçache faire un meilleur uſage,
Qu'il ſoit heureux à chaque inſtant,
Et qu'il ne ſoit jamais content.

MUSETTE.

(Nº. 87.)

AMOUR, viens enfler ma Muſette;
Viens m'inſpirer des ſons heureux.
Je ſens une flamme parfaite;
Favoriſe un cœur amoureux:
Que ſans ceſſe l'écho repete;
Silvandre n'aime que Liſette.

Lorsque

Lorsque cette Bergére chante,
Les Rossignols se taisent tous;
Sa tendre voix est si touchante
Que l'univers en est jaloux.
Que sans cesse l'écho répete,
Silvandre n'aime que Lisette.

Ses yeux sont si remplis de charmes,
Qu'ils servent de thrône à l'Amour;
Ce Dieu charmant lance ses armes
De cet adorable séjour :
Que sans cesse l'écho répete,
Silvandre n'aime que Lisette.

C'est ainsi, qu'assis sur l'herbette,
Silvandre gardant son troupeau,
Chante ses feux sur sa Musette,
Au doux murmure d'un ruisseau;
Quand l'écho tendrement répete,
Silvandre est aimé de Lisette.

+++++++++++++++++++++++++++++++++++++++

CHANSON ANACRÉONTIQUE.

Air. *Tu m'abandonne ingrat Tircis,
tu deviens infidele.* (N°. 88.)

Iris, vous donnez de l'Amour,
Même à l'indifférence ;
Chacun ici vous fait la cour,
Et vous dit ce qu'il pense ;

Plus timide & plus amoureux,
Je n'ose parler que des yeux.

❖

L'Amour vous porta du berceau
    Dans l'Isle de Cithère,
Et vous peignit de son pinceau,
    En regardant sa mere :
Venus le battit, en courroux
De se voir moins belle que vous.

❖

C'est lui qui coupa ces grands yeux
    Et qui fit ces prunelles ;
C'est lui qui répand en tous lieux
    Leurs vives étincelles ;
C'est lui qui vous fit ce souris,
Dont mon cœur fut d'abord épris.

❖

Laissez moi baiser par pitié
    Cette main que j'adore ;
Non, non, ce signe d'amitié
    M'embraseroit encore :
Ah ! donnez, puisse le trépas
Coler ma bouche sur ce bras !

❖

Vous avez fixé de mes vœux
    La course vagabonde ;
Je préfere un de vos cheveux
    A tous les biens du monde :

J'aime mieux vivre dans vos fers,
Que d'être Roi de l'univers.

❊

QUAND le destin m'appellera
    Sur les bords de la Seine,
Ma Lyre sans cesse y dira
    Vos beautés & ma peine :
Et les aîles des doux Zéphirs,
Vous aporteront mes soupirs.

✱✱✱✱✱✱✱✱✱✱✱✱✱✱

LE PLAISIR DES DIEUX.
(Nº. 89.)

REstons long-temps dans ce réduit;
Le cœur s'y plaît comme l'esprit,
Ailleurs est-on de même ?
Ne perdons pas un temps si précieux,
    C'est le plaisir des Dieux,
De boire avec ce qu'on aime.   } bis.

❊

    BACCHUS, Amour, de vos faveurs
Enyvrez tendrement nos cœurs,
Quel bien est plus suprême ?
Que cet instant n'en fasse qu'un de deux
    C'est le plaisir des Dieux,
De boire avec ce qu'on aime.   } bis.

❊

AIMONS, buvons sans nous lasser,
Finissons pour recommencer,
Voilà le bon système ?
Qui pourroit refuser un coup ou deux ?
C'est le plaisir des Dieux, } bis.
De boire avec ce qu'on aime.

RONDEAU.

(Nº. 90.)

DANS ce jour,
Au Dieu d'Amour,
Je fais ma cour.
Climène, vos beaux yeux,
Sont mes Dieux,
Serai-je heureux ?

QUE dans ce moment,
Pour un Amant,
Votre cœur s'explique ;
Assez facilement,
Buvant il devient veridique.

DANS ce jour,
Au Dieu d'Amour,
Je fais ma cour.

Climène, vos beaux yeux
Sont mes Dieux,
Serai-je heureux ?

UN regard me suffit,
S'il eſt doux, clairement il me dit,
Que je ſuis écouté ;
Ma liberté,
Se rend à la beauté.

DANS ce jour,
Au Dieu d'Amour,
Je fais ma cour.
Climène, vos beaux yeux
Sont mes Dieux,
Serai-je heureux ?

CHANSON ANACRÉONTIQUE.
(N°. 91.)

L'AMOUR me lutine & m'enflamme,
Le Dieu du vin en eſt jaloux ;
Accordez-vous, doux Tyrans de mon
ame,
Non, je ne veux bannir aucun de vous.

Mais si l'on m'ordonne de dire
Lequel je préfere des deux ;
D'un seul regard, l'adorable Thémire
Peut décider les querelles des Dieux.

Je languis dans ton esclavage,
Ah ! je mourrai de tes rigueurs ;
Dis-moi, comment, ma petite sauvage,
Tu sçais si bien aprivoiser les cœurs ?

Amis, buvons à la Maîtresse,
Buvons au Maître de ces lieux.
Esprit, attraits, bonne chere, allegresse,
Tout flatte ici le cœur, l'ame & les yeux.

L'Hymen dont le commerce aimable
Attache ces deux cœurs à lui,
Fournit le vin qu'on boit à cette table ;
C'est en buvant qu'on lui plaît au-
    jourd'hui.

Adieu Thémire, adieu cruelle,
Heureux l'époux, qui quelque jour,
Pourra cueillir la rose la plus belle
Qui fut jamais dans le jardin d'Amour.

Je vais, ô départ qui m'accable !
Mouiller ma route de mes pleurs,
Je la connois, la charmante intraitable,
Et je la vois rire de mes douleurs.

****

LA NAVIGATION BACCHIQUE.

Air. *Et vogue la galere*, &c.

(N°. 92.)

Favoris de Neptune,
Au gré de vos désirs,
Allez chercher fortune,
Nous cherchons les plaisirs ;
Et vogue la galere
Tant qu'elle pourra voguer.

Ainsi que ce rivage
S'éloignent nos beaux jours ;
En faire un bon usage
C'est en fixer le cours.
Et vogue, &c.

Qu'Aujourd'hui tout conspire
A nos heureux loisirs,
Et qu'aucun ne soupire
Si ce n'est les Zéphirs.
Et vogue, &c.

F iv

DE peur que la Nacelle
N'abîme sous le faix,
Transportons sur leur aîle,
Nos vœux & nos regrets.
Et vogue, &c.

SUR cette onde paisible,
Dans ce calme enchanteur,
Il n'est d'écueil terrible,
Que la mauvaise humeur.
Et vogue, &c.

S'IL s'éleve un orage,
Je demande au destin,
Qu'il sauve du naufrage
Ma bouteille & mon vin;
Puis vogue, &c.

TANTÔT en main le verre,
Si nous nous enyvrons;
Nous pourrons prendre terre
Par tout où nous voudrons.
Et vogue, &c.

La raifon nous chicane,
Mais Bacchus nous endort,
Perdre la tramontane
C'eft arriver au port.
Et vogue la galere,
Tant qu'elle pourra voguer.

LE SÉJOUR HEUREUX.

Air. *Les plaifirs de notre village, &c.*

(Nº. 93.)

NOus n'avons pour Philofophie
Que l'amour de la liberté;
Plaifirs, douceurs fans jaloufie,
Volupté,
Portez dans notre compagnie
La gayeté.

Nous bravons la fotte critique
Des Hypocrites en courroux;
La morale mélancolique
De ces foux,
Ne trouvera point de pratique
Parmi nous.

F v

Le Nocher qui prévoit l'orage
Craint même, quand le vent est bon ;
Eternisons du badinage
La saison ;
On manque, à force d'être sage,
De raison.

Le fier Caton, quand il se perce,
Se livre à de noires fureurs ;
Anacréon, qui fait commerce
De douceurs,
Attend le trépas & se berce
Sur des fleurs.

Beautez dont mon ame est ravie,
Vos yeux enflamment ce séjour ;
Bacchus sourit & s'associe
A l'Amour,
Tous deux à l'aimable folie,
Font la cour.

Que chacun boive à sa conquête
Ne vous en fâchez point, époux ;
Le sort que la nuit vous aprête
Est plus doux,
Mais vos femmes dans cette fête
Sont à nous.

LA REUNION DES PLAISIRS.

Airs. *Tambourins des Indes galantes.*
(N°. 94.)

Est-il pour les Dieux,
Sort plus heureux,
Dans les cieux !
Vin délicieux,
Propos joyeux,
Et beaux yeux ;
Est-il pour les Dieux
Sort plus heureux,
Dans les cieux !
Tout flate nos vœux :
Les ris, les jeux,
Sont en ces lieux.

Si j'avois du vin
Si fin,
Soir & matin,
J'oublirois & la Gloire & la Fortune.
Hélas !
Dans un repas,
Lorsqu'à ce vin gris,
La jeune Iris,
Met le prix,

Peut-on refuser,
De s'embrafer,
De se grifer ?

Est-il pour les Dieux,
Sort plus heureux
Dans les cieux !
Vin délicieux,
Propos joyeux,
Et beaux yeux ;
Est-il pour les Dieux,
Sort plus heureux,
Dans les cieux !
Tout flate nos vœux,
Les ris, les jeux,
Sont en ces lieux.

(N°. 95.)

Versez ;
Ce n'est pas affez,
Allons, rempliffez,
Courage, ami, mais quoi ! vous vous
laffez,
Verfez,
Ce n'est pas affez,
Ah ! vous balancez ;
Il faut des foins plus empreffez.

CHANTONS,
Buvons, répetons,
Entre nous goûtons
Bacchus & l'Amour que nous fêtons.
Nos cœurs,
N'ont que des douceurs,
Tant que nous sentons de ces vainqueurs
Les faveurs.

VERSEZ,
Ce n'est pas assez,
Allons, remplissez,
Courage, ami, mais quoi ! vous vous
lassez,
Versez
Ce n'est pas assez.
Ah ! vous balancez,
Il faut des soins plus empressez.

Est-il pour les Dieux, &c.

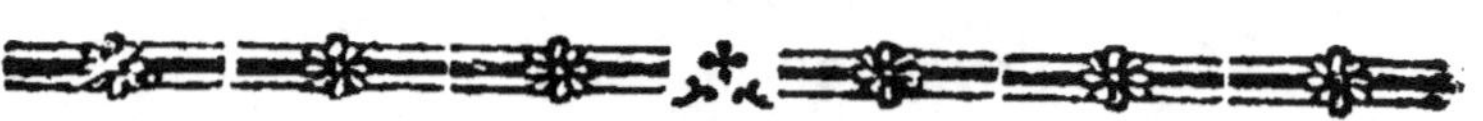

LE JEU DE TRICTRAC.

(N°. 96.)

GALANS, je vais vous apprendre
Sans livre & sans almanach
Un jeu facile à comprendre,
Jeu que l'on nomme Trictrac.

D'abord au gré de la chance
Mettez les Dames à bas ;
C'est par là que l'on commence,
Sans quoi l'on ne caze pas.

QUAND on a sçu les abattre
Il faut bien suivre son jeu ;
Pour avoir de quoi combattre
D'abord étendez vous peu :
Si votre partie adverse
De vous s'écarte trop loin,
Que votre talent s'exerce
A battre vîte son coin.

C'EST par le coin que l'on s'ouvre
L'entrée aux coups importans,
L'on prend une Dame, on couvre,
On s'avance, on met dedans :
Mais ne faites point d'école ;
N'oubliez pas de marquer :
Jamais on ne se console
D'être assez sot pour manquer.

POUR faire de grands vacarmes
N'ayez jamais le dessous ;
Il faut amener des Carmes
Car ils font les plus grands coups:

L'autre jour, grands Dieux ! quel charme
Et quel plaisir d'y songer !
Je vis prendre par un Carme
Cinq ou six trous sans bouger.

❧

Une fille jeune & vive
Ne peut moderer son jeu ,
Ni quand un bon coup arrive
Garder un certain milieu :
Elle va tant & si vîte
Que son jeu s'écartant trop ,
On l'enfile tout de suite
Et l'on va le grand galop.

❧

Si par heureuse fortune
En l'absence d'un époux ,
Vous jouez contre une Brune
Soyez bien sûr de vos coups :
Sur-tout point d'étourderie
Et prenez bien votre jour ;
Car on manque la partie,
Souvent par Jean de retour.

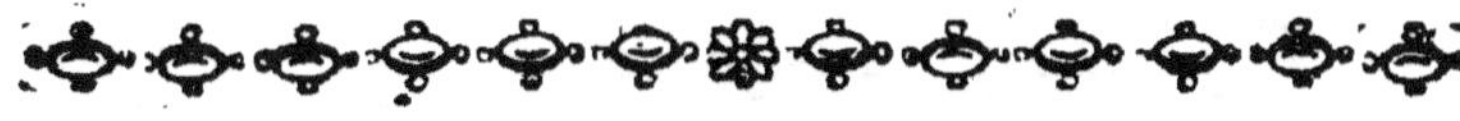

ROMANCE.
(N°. 97.)

DANS un Amour naissant,
La jeune & tendre Ismene
Disoit se reposant
Au bord d'une fontaine,
Est-ce un bonheur,
Est-ce un malheur,
D'avoir un tire lire lire,
D'avoir un toure loure loure,
D'avoir un cœur?

Son Berger l'entendit,
Il n'étoit pas loin d'elle
En l'abordant il dit;
Quand on est jeune & belle,
Est-ce un bonheur,
Est-ce un malheur,
D'avoir un tire lire lire,
D'avoir un toure loure loure,
D'avoir un cœur?

CEDE à ce doux penchant
Qu'un tendre Amour inspire,
Rends heureux un Amant,
Qui pour toi seule soupire:

Qu'il foit vainqueur,
Da ta froideur ;
Et de ton tire lire lire,
Et de ton toure loure loure,
Et de ton cœur.

* * *

MAIS je vois aifément,
Que j'ai l'Art de te plaire,
Que mon fort eft charmant,
Tu m'entends fans colère :
Quel prix flateur,
Pour mon ardeur !
Je tiens ton tire lire lire,
Je tiens ton toure loure loure,
Je tiens ton cœur.

* * *

LE Berger profita
D'un fi doux avantage,
Le hazard commença
L'Amour finit l'ouvrage,
Ce Dieu vainqueur,
Pour leur bonheur
Joignit leur tire lire lire,
Joignit leur toure loure loure,
Joignit leur cœur.

PORTRAIT DE L'INCONSTANCE

ROMANCE.

AIR *de Joconde.* (N°. 98.)

LISETTE est faite pour Colin,
Et Colin pour Lisette ;
Il est volage, il est badin,
Elle est vive & coquette ;
Colin tolere ses rivaux
Lisette ses rivales ;
Il prime parmi ses égaux,
　Elle, entre ses égales.

LISETTE amuse mille Amans,
Colin toutes les Belles ;
Tous deux en amour sont contens
Et tous deux infideles :
Il est le plus beau du hameau,
Comme elle est la plus belle ;
Colin ressemble au franc moineau,
　Lisette à l'Hirondelle.

SANS soupirer & sans languir
Ils amusent l'absence,
Par les plaisirs du souvenir
Et ceux de l'espérance ;

Où s'ils diſſipent leur chagrin,
Par quelqu'autre amourette,
Liſette revient à Colin,
  Et Colin à Liſette.

S'il naît quelque diſpute entr'eux,
C'eſt un léger orage,
Qui bien loin de briſer leurs nœuds
Les ſerre davantage :
Quel tort pourroient-ils ſe donner
Egalement coupables ?
Ah ! pour ne pas ſe pardonner,
Tous deux ſont trop aimables.

Exempts de crainte & de ſoupirs
Ils cheriſſent leurs chaînes ;
D'Amour ils goûtent les plaiſirs,
Sans en ſentir les peines :
Amans, qui voulez être heureux,
Prenez-les pour modèle
Et n'imitez plus dans vos feux,
  La triſte Tourterelle.

****

INVOCATION AU SOMMEIL.

AIR. *De la Sarabande d'Iffé.* (N°. 99.)

QUe tes Pavots ont d'invincibles
charmes !
Par tes attraits puiffants,
Triomphe de nos fens ;
Des malheureux tu fèches les larmes,
Heureux Mortels, il vous rend plus
contens ;
De vos plaifirs il retrace l'image,
De mille foins un fonge dédommrge ;
Venez, fonges flateurs,
Par d'aimables erreurs,
Séduifez tous les cœurs.

LA PASTOURELLE.

(N°. 100.)

VIENS, mon aimable Bergere,
Avec moi dans nos Forêts ;
Allons y prendre le frais,
Deffus la verte fougere ;
Et que les tendres Zéphirs,
Y répettent nos foupirs.

ENTENDS-tu la Tourterelle,
Qui gémit fur cet ormeau ?
Ce n'eſt point d'un feu nouveau
Dont brule fon cœur fidelle ;
Suivons tous deux leur amour,
Jufqu'à notre dernier jour.

❧

Ce ruiſſeau dans ce boccage
De tes yeux eſt amoureux ;
Et comme moi plein de feux,
Murmure ce doux langage :
Aimez, Philis, un Amant,
Des Bergers le plus conſtant.

❧

JE crois que j'entends Silvandre,
Qui foupire au fond du bois :
L'écho répete fa voix,
Et de loin nous fait entendre ;
Que rien n'égale les maux,
Qu'on fent d'avoir des rivaux.

❧

DESSUS ces écorces vertes
Gravons ton nom & le mien ;
Que d'un ſi tendre lien
Philis, elles foient couvertes !
Et voyons les chaque jour,
Croître moins que notre amour.

❧

Les fleurs s'empreſſent d'éclore
Dans cet aimable Printemps;
On voit paroître en nos Champs,
Les Amours, Zéphire & Flore;
C'eſt le pouvoir de tes yeux,
Qui les fixe dans ces lieux.

❧

Les Lis qu'on voit dans nos plaines
Les roſes de nos jardins;
Les œillets & les jaſmins:
Le criſtal de nos fontaines,
N'égalent pas la beauté,
Dont mon cœur eſt enchanté.

❧

Le Dieu qu'ici l'on révere,
Approuvant des feux ſi beaux;
Sçait conſerver les troupeaux
De mon aimable Bergere:
Non; de la rage des loups
Ils n'éprouvent point les coups.

❧

Le Ciel doit avec juſtice,
Accorder tout ſon ſecours;
A de ſi chaſtes amours;
Et toujours être propice
A de fidèles amis,
Par la vertu ſeule unis.

❧

QUE cette flamme si pure
Dure donc aussi long-temps,
Que l'on verra dans nos Champs,
Naître & mourir la verdure ;
Et que nos tendres agneaux,
Bondiront sur ces côteaux

ÉLOGE DES FEMMES.

VAUDEVILLE.

(N°. 101.)

NE nous préférons point aux Belles ;
Bien loin de l'emporter sur elles,
De tous côtez nous leur cédons ;
Et si nous avons en partage,
Quelque agrément, quelque avantage ;
C'est d'elles que nous le tenons.

Nous leur devons la politesse,
Le bon goût, la délicatesse,
Les façons & les sentimens ;
De leurs beaux yeux le doux langage
En un jour instruit davantage,
Que tous les Livres en dix ans.

Tous les efforts de notre adresse
Ne font rien contre leur finesse,

Jamais on ne les prend sans verd ;
Et la Femme la moins habile,
Se tire d'un pas difficile,
Mieux que l'Homme le plus expert.

❧

Les soins déconcertent nos ames,
Nous nous rebutons, mais les Dames
Suivent jusqu'au bout leur dessein ;
Nul obstacle ne les arrête :
Et ce qu'elles ont dans la tête
Devient un arrêt du destin.

❧

Une longue & pénible étude
Ne peut nous donner l'habitude
De leur agréable jargon :
Ce sexe en esprit nous surpasse,
Et l'on compte sur le Parnasse
Neuf Muses contre un Apollon.

❧

Moins vaines que nous, plus discretes
Sur le fait de leurs amourettes,
On ne les voit point éclater ;
Celle dont la raison s'oublie,
N'ajoûte point à sa folie,
Le sot plaisir de s'en vanter.

❧

Dans les grands sujets de tristesse
Quoiqu'on dise sur leur foiblesse,

Elles

Elles font plus fortes que nous ;
Et tandis qu'un rien nous défole,
Souvent un moineau les confolé
De la perte de leur époux.

QU'ELLE L'A ÉCHAPPÉ BELLE.
(N°. 102.)

Non, je n'irai plus aux bois,
Non, non, je n'irai plus feulette ;
Un feul moment l'autre fois
Un inftant, que devenoit Lifette !
Non, je n'irai plus aux bois,
Non, non, je n'irai plus feulette ;
Je connois trop le danger,
Où l'Amour pourroit m'embarquer.

L'AUTRE jour fous un ormeau
Je vis près de moi fur l'herbette
Un jeune Berger du Hameau...
Prête à l'éviter,
Il fçut m'arrêter.

NON, je n'irai plus, &c.

LUCAS d'un air tendre
Me regardoit,
Un baifer enflammé vint m'apprendre
Ce qu'il demandoit ;
Tome VIII.   G

Sans pitié pour ma peine
Il me prit dans ses bras,
Quand nous vîmes Climène,
Sans elle, hélas !

Non, je n'irai plus, &c.

****

VAUDEVILLE.
(N°. 103.)

Tant qu'un jeune Galant désire
A la beauté qui le ravit
Il a mille choses à dire,
Son discours jamais ne finit ;
Mais dès qu'il a signé certaine clause,
De jolis mots la source se tarit,
La bouche est close,
Tout est dit.

Tant qu'un Client a des espèces
Et qu'il fournit à tous les frais ;
On entasse pièces sur pièces,
Pour éterniser le Procès ;
Mais quand l'argent ne vient pas à me-
sure ;
Adieu Factum, Requête & contredit ;
Plus d'écriture ;
Tout est dit.

Vous vous trompez dans votre attente;
Vous, qui pour goûter le plaisir,
D'avoir une femme ignorante,
Au Village allez la choisir;
Là, comme ici, maint objet est précoce
Et Cupidon si jeunes les instruit,
  Qu'avant la Noce,
   Tout est dit.

❧

Quand votre fille devient grande;
Mere, ne la quittez jamais;
C'est un soin que je recommande
Contre mes propres intérêts:
Craignez qu'Amour, près d'elle ne s'ar-
 rête,
Jamais ce Dieu n'est long dans son récit;
  Tournez la tête,
   Tout est dit.

❧

On dit que du temps de nos peres,
Les jeunes gens sçavoient parler:
Ceux d'à présent n'en tiennent guéres;
Leur langage nous fait bâiller.
Quand ils ont dit deux couplets sur
 l'allure,
Qu'il ont parlé de spectacles, d'habit,
  Et de frisure,
   Tout est dit.

❧

    G ij

Lorsque l'on met dans un Ouvrage,
Quelque lueur de nouveauté,
C'est un glorieux avantage,
Mais c'est là, la difficulté.
Dans ce temps - ci l'on ne fait autre
   chose
Que de donner au vieux un autre habit,
En Vers, en Profe,
Tout est dit.

Quand les Spectateurs font filence
Et qu'ils écoutent jufqu'au bout,
Auteurs ayez de l'efpérance,
Votre ouvrage flate leur goût ;
Mais quand on voit arriver la fecouffe,
Qu'avant la fin, le Parterre à grand bruit,
Se mouche, touffe,
Tout est dit.

BRUNETTE.
(N°. 104.)

Tircis qui m'aimoit tant,
Fuit loin de ce rivage :
Mais c'est peu que d'être abfent,
Hélas ! ailleurs il s'engage,
Que ne fuis - je volage
Ou que n'est - il conftant !

FAUT-il qu'impunément
Son changement m'outrage?
Lorsqu'il trahit son serment
Dois-je y songer davantage?
Ah ! je serai volage,
Puisqu'il est inconstant.

QUAND je crois le trahir,
Mon erreur est extrême :
Je veux en vain le haïr ;
Qu'on est foible, quand on aime !
Mon cœur toujours le même
Ne sçauroit obéïr.

REVIENS, cruel vainqueur,
Reviens ici m'entendre ;
Si de ma tendre douleur
Tu ne veux point me défendre :
Ah ! du moins, viens m'apprendre
Qu'elle a percé ton cœur.

TIRCIS alors s'offrit
A sa fidelle Amante ;
Dans ses yeux elle comprit
Que son ame étoit constante ;
D'un plaisir qui l'enchante,
L'Amour fit son profit.

G iij

ÉLOGE DU VIN.

(N°. 105.)

CHANTONS le vin ;
Ce jus divin,
Donne la fageſſe :
Les foucis inquiets,
Les noirs regrets,
Devant lui ne tiennent jamais.
Chantons le vin ;
Ce jus divin,
Donne la fageſſe :
Il rend le cœur content,
La raifon en fait-elle autant ?

IL nous confole des rigueurs,
D'une ingrate Maîtreſſe,
Il nous fait goûter les douceurs
Dont les Dieux,
Dans les Cieux,
Jouiſſent fans fin
Le verre à la main.

CHANTONS le vin , &c.

Autre Couplet sur le même air.

Non, non, sans vous,
Rien ne m'est doux,
Rien ne peut me plaire ;
Je le jure à vos yeux,
Ce sont les Dieux
Que mon cœur respecte le mieux :
Non, non, sans vous,
Rien ne m'est doux,
Rien ne peut me plaire ;
Vous voir & vous aimer,
Est tout ce qui peut me charmer.

Les jeux, les ris, & les Amours
Vous prennent pour leur mere ;
Sur vos pas je les vois toujours.
Loin de vous, chere Iris
Ce n'est plus qu'ennuis,
Je vous le redis :

Non, non, sans vous, &c.

VAUDEVILLE.

(Nº. 106.)

SANS qu'on y pense,
L'on rencontre un objet charmant;
L'Amour à petit bruit s'avance,
Et souvent l'on se trouve Amant
Sans qu'on y pense.

C'EST le mystère,
Qui doit être cher à l'Amant :
Des plaisirs du Dieu de Cithère,
Qui fit tout le rafinement ?
C'est le mystère.

DE l'infidelle,
La raison s'offre à me vanger ;
Mais l'Amour mieux écouté qu'elle
Me défend de me dégager
De l'infidelle.

QUAND je soupire
Auprès de toi si tendrement,
Hélas ! que dois-je encore te dire ?
N'en dis-je pas suffisamment,
Quand je soupire.

Pour me défendre
Contre des charmes si puissans,
Hélas ! quel secours dois-je attendre ?
La raison ne vient point à tems
Pour me défendre.

D'un air trop tendre
Vous venez demander mon cœur :
Hélas ! je sens qu'il va se rendre ;
Peut-on répondre à tant d'ardeur,
D'un air trop tendre !

Pour cette Belle,
Verse du vin, verse tout plein :
L'Amour d'une flèche nouvelle,
A chaque coup perce mon sein,
Pour cette Belle.

Un cœur fidelle,
Est ce qu'on trouve rarement :
Iris, soyez-moi moins cruelle,
Et je vous suis assurément,
Un cœur fidelle.

PARODIE

sur l'Air de la Marche du Roi d'Angleterre. (N°. 107.)

A Toi Catin;
Il faut que je t'en verse;
On doit quand on a du bon vin
Boire toujours à verre plein:
S'il faut qu'à la renverse,
Nous tombions tour à tour,
A ce petit fripon d'Amour,
Nous ferons notre cour;
L'enfant de la belle Venus
Vaut bien le Dieu Bacchus;
Pour ne point faire de jaloux
Aimons, buvons, rien n'est si doux.

VAUDEVILLE.

(N°. 108.)

Sur le prix de ta gentillesse
Lise, ne vas pas tracasser;
Fille à quinze ans, qui se redresse
Voudroit à trente, caresser;

Jadis certain sage de Grece
Vint à Laïs pour l'embrasser,
La Dame tint trop sur l'espece,
Oh! bien, dit-il, faut s'en passer,
   N'y a qu'à m'laisser,
   N'y a qu'a m'laisser.

    L'AMOUR est un vrai traître à pendre;
Il faut trop d'art pour l'abuser,
Il a, le drôle, osé répandre
Mon verre plein, & le casser :
Bacchus outré, pour me défendre
Étoit tout prêt à le fesser,
Quand Fanchon d'un air triste & tendre
Nous dit, c'étoit sans y penser,
   N'y a qu'à l'laisser,
   N'y a qu'à l'laisser.

L'ABSENCE DE THEMIRE.

AIR. *Reveillez-vous belle endormie.*

(N°. 66.)

DANS les bras de la jeune Flore
Zephir goûte mille plaisirs;
Loin du cher objet que j'adore,
Je ne vis que de mes soupirs.

G vj

DIEU charmant ! est-ce le partage
D'un cœur qui brule de tes feux ?
Si le plaisir est ton ouvrage,
Qui mérite plus d'être heureux ?

VOLE, Amour, vole sur les traces
De celle qui me fait souffrir ;
Tu la reconnoîtras aux graces
Dont ta mere a sçu l'embellir.

PEINS-lui bien ma douleur extrême ;
Amour, j'implore ton secours
Mais sur-tout dis lui que je l'aime,
Et que je l'aimerai toujours.

****

CHANSONNETTE.
(N°. 109.)

PHILIS le long de la prairie,
L'autre jour s'en alloit chantant :
Qu'il est doux d'avoir un Amant !
Mais folle est celle qui s'y fie ;
Ah ! n'écoutez point les Bergers,
Ils sont tous trompeurs & legers.

UN Berger plein de perfidie,
Que j'ai cru trop legérement,
Me fait reſſentir un tourment,
Qui n'aura fin qu'avec ma vie.
Ah! n'écoutez point les Bergers,
Ils ſont tous trompeurs & legers.

LORSQUE leur amour eſt nouvelle
Rien n'eſt ſi doux que leurs diſcours;
Mais tout le feu de leurs amours
N'eſt tout au plus qu'une étincelle.
Ah! n'écoutez point les Bergers,
Ils ſont tous trompeurs & legers.

IL me ſouvient qu'en ma jeuneſſe
Maman me le diſoit ſouvent:
Mais je pris ſon raiſonnement
Pour un chagrin de la vieilleſſe.
Ah! n'écoutez point les Bergers,
Ils ſont tous trompeurs & legers.

AINSI Philis dans ſa colere
Se déchaînoit contre l'Amour:
Mais l'on ne la crut à ſon tour,
No plus qu'elle avoit cru ſa mere;
Et l'on écoute les Bergers,
Quoi qu'ils ſoient trompeurs & legers.

BRUNETTE.

(N°. 110.)

ASSIS deſſus la fougere,
Tircis à l'ombre d'un bois
S'ecrioit à haute voix,
En regardant ſa Bergere,
Dieux ! ne ſoyez point jaloux
De me voir plus heureux que vous.

PRES de ma chere Silvie ;
Tout me rit, tout eſt charmant ;
La crainte du changement
N'oſe traverſer ma vie :
Dieux ! ne ſoyez point jaloux,
De me voir plus heureux que vous.

Si c'eſt un plaiſir extrême,
Que d'aimer & d'être aimé,
Si l'on doit être charmé
Poſſédant la Beauté même ;
Dieux ! ne ſoyez point jaloux,
De me voir plus heureux que vous.

BRUNETTE.

(Nº. 111.)

Vous êtes ma Maîtresse,
Je vous vois chaque jour;
Et je languis sans cesse,
H las ! à votre tour,
N'aurez-vous point d'amour ?

Tout ne songe qu'à rire
Dans ce charmant séjour,
Et moi seul j'y soupire :
Hélas ! à votre tour
N'aurez-vous point d'amour ?

Tircis à sa Bergere
Ainsi parloit un jour :
Elle en fut moins severe ;
Et la Belle à son tour
Eut pour lui de l'amour.

L'HEUREUX BUVEUR.

AIR. *A quoi bon former tant de vœux.*
(N°. 112.)

BACCHUS sçait combler nos défirs ;
Des chagrins il détruit l'idée,
L'Amour par ses divins plaifirs
Tient fans cesse une ame enchantée.

LE vin eft le beaume du cœur
Il le préferve de foibleffe ;
Et l'Amour d'une vive ardeur
Anime jufqu'à la vieilleffe.

QUAND je prends le verre à la main ;
Je crois tenir un Diadême ;
Et je goute aux pieds de Catin,
Un bonheur digne des Dieux même.

BACCHUS & Catin en ce jour
Sont d'accord, pour moi quelle gloire !
Le vin fait triompher l'Amour,
Et la Belle me verse à boire.

Si jamais le triste Pluton
Me retient aux bords du Cocyte,
Que Catin m'envoye un flacon,
Tout aussi-tôt je ressuscite.

MUSETTE.
(Nº. 113.)

Un Berger sincere,
Dans un bois charmant,
Voyant sa Bergere
Chantoit tendrement:
Il est des Amours
Qui durent toujours.

La Bergere fine,
Répond doucement,
Sans lui faire mine
De voir son tourment;
Il est des Amours,
Qui durent toujours.

Le Berger s'avance
Pour conter ses maux;
Son recit commence
Par ces tendres mots:

Il est des Amours,
Qui durent toujours.

AIME moi, ma Belle,
Je languis pour toi ;
Je serai fidelle,
J'en jure ma foi ;
Il est des Amours,
Qui durent toujours.

LA jeune Bergere
Dit avec rigueur,
Il faut pour me plaire,
Convaincre mon cœur,
Qu'il est des Amours,
Qui durent toujours.

LE Berger s'écrie,
Tircis changera,
Quand la Bergerie,
Aux loups s'ouvrira :
Il est des Amours,
Qui durent toujours.

DOUTEZ-vous, Bergere,
Qu'on n'aime à jamais ?
Dans cette Onde claire,
Voyez vos attraits ;

Il eſt des Amours,
Qui durent toujours.

A ses pieds il vole ;
L'ingrate s'enfuit ;
Mais peine frivole,
L'Amant la pourſuit :
Il eſt des Amours,
Qui durent toujours.

On en veut médire :
La Bergere en rit ;
Le Berger ſoupire,
Et par-tout écrit :
Il eſt des Amours,
Qui durent toujours.

Imitons, Silvie,
Ces Amants heureux ;
Paſſons notre vie
Dans des tendres nœuds :
Il eſt des Amours,
Qui durent toujours.

Comblez mon envie ;
Mon feu durera,
Tant que la prairie
Aux moutons plaira.

Il est des Amours,
Qui durent toujours.

CHANSON BACHIQUE.
(Nº. 112.)

A quoi bon former tant de vœux
Pour les biens, les honneurs, la gloire
Veut-on vivre toujours heureux?
Il faut toujours aimer ou boire.

AVEC toi, charmant Dieu du vin
Regne une éternelle allegresse;
Le pouvoir de ton jus divin,
L'inspire même à la vieillesse.

JE plains celui qui n'est qu'Amant;
Prenez plutôt Bacchus pour Maître;
On peut être heureux en aimant,
En buvant on est sûr de l'être.

MAIS voulez-vous qu'aucun retour
Ne trouble un état si paisible?
Aimez & buvez tour à tour,
Votre bonheur est infaillible.

LE RETOUR D'IRIS.

(Nº. 114.)

J'Ai vû les ris, & la jeuneſſe,
Les jeux, les plaiſirs & l'Amour,
Qui ſuivoient les pas de ma belle Maî-
    treſſe ;
Zéphir & Flore annonçoient ſon retour.

Le Roſſignol par ſon ramage
Le faiſoit ſçavoir dans les airs ;
Echo rediſoit aux Bergers du village
L'heureux retour de celle que je ſers.

Chacun diſoit, voilà l'Aurore,
Elle ſort du ſein de Thétis ;
On diſoit qu'Iris ſeroit plus belle encore
Si la cruelle aimoit un jour Tircis.

Venus paroît avec ſa ſuite ;
Elle cherche partout ſon fils ;
Elle l'apperçoit qui redouble ſa fuite,
Et qui s'attache au char de mon Iris.

Tour eſt déſert chez vous, Cithère,
Tandis qu'un gros eſſain d'Amours,
Eſt toujours auprès de ma jeune Bergere ;
C'eſt elle enfin, qui fait tous les beaux
    jours.

MUSETTE.
(N°. 3.)

DANS le fond d'un boccage
J'ai vû le tendre Amour,
Qui tenoit ce langage
A Philis l'autre jour :
Bergere, ah ! quel dommage
Que vous ne ſentiez pas,
Ce que dans le village,
On ſent pour vos appas.

L'ESCLAVAGE m'allarme,
Répond-elle à l'inſtant ;
La liberté me charme,
Et rien ne me plaît tant ;
Amour, ah ! quel dommage
Que mon fidel cœur
Devînt l'heureux partage,
De quelqu'Amant trompeur !

QUE cette peur, Bergere
Ne vous allarme pas;
Dans la tendre carriere
Je conduirai vos pas;
L'Amant le moins fidele,
Pour vous sera constant,
Si vous suivez, la Belle,
Ce conseil important.

VOICI ce que demande
L'Art de fixer un cœur;
Que la douceur s'entende
Avec votre rigueur;
Flatez sans satisfaire
Les désirs qu'il fait voir,
Et faites qu'il espère,
Sans remplir son espoir.

****

LE MÉDISANT.

(N°. 115.)

FANCHON, l'autre jour dans ce bois
Tu faisois la folette,
Près de Lucas, qui quelquefois
Te parloit en cachette;

Crainte de passer pour fâcheux,
Je m'enfuis sans rien dire,
Car j'aperçus dans tes beaux yeux
Qu'un tiers n'eût fait que nuire.

Le soir, de retour au logis,
D'où vient es-tu rêveuse ?
Tes yeux paroissent interdits,
Ton humeur est grondeuse ;
Pour moi je pense bonnement,
Te voyant chiffonnée,
Que sur l'herbette un malin vent,
Malgré toi t'a jettée.

A I R.

(N°. 116.)

A L'AMITIÉ Corine donne
Ce qu'elle refuse à l'Amour ;
Corine permet chaque jour
Que sur ses levres je moissonne
De secrettes faveurs qui flatent mes
désirs,
Et toutefois mes maux égalent mes
plaisirs.

O vous,

O vous, qui soupirez pour elle,
Rivaux infortunés, n'en soyez point
    jaloux,
Je suis plus à plaindre que vous,
Ses faveurs sont les fruits d'une amitié
    fidelle,
Et je suis amoureux sans espoir de retour;
Quand aux plus vifs transports mon ame
    s'abandonne,
    A l'amitié Corine donne,
Ce qu'elle refuse à l'Amour.

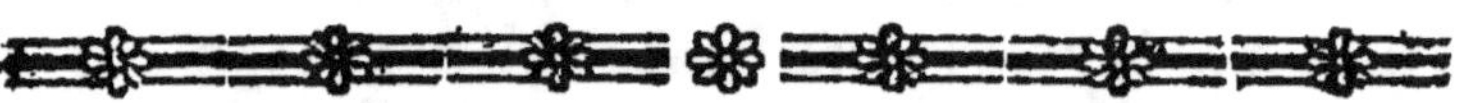

MUSETTE.

(N°. 117.)

Livrons-nous à la tendresse,
N'écoutons que nos désirs;
La saison de la jeunesse,
Est la saison des plaisirs.

Aimons, tout nous y convie;
Formons des liens charmants;
Les vrais plaisirs de la vie
Ne sont que pour les Amants.

Tome VIII.   H

****

HYMNE A BACCHUS.
(N°. 118.) (66.) (70.)

Que ta liqueur en chanteresse,
Divin Bacchus, plaît à mon cœur !
Par toi la volupté sans cesse,
M'offre un amusement flateur,

Du temps qui s'échappe & s'envole ;
Viens fixer les trop courts instants :
A table un entretien frivole,
Calme les maux les plus cuisants,

Qu'a son gré la Fortune accable
Mon Rival d'un brillant fardeau ;
N'importe, quand on est à table
Tu mets tout au même niveau.

De ton goût l'aimable Licence,
M'inspire cent nouveaux désirs ;
Dans la vie un peu d'inconstance,
Sçait assaisonner les plaisirs.

Si quelquefois l'intempérance
Entraîne tes sujets charmans,
Tu fais grace à leur imprudence
En faveur de leurs agrémens,

VAUDEVILLE

(N°. 119.)

EN vain la Fortune ennemie
Me préparoit un triste sort ;
J'ai trouvé le bonheur au port.
Tout est caprice dans la vie.   *bis.*

L'AMOUR à mon ame attendrie,
N'offroit qu'un rigoureux tourment :
Mais le sort change en un moment.
Tout est caprice dans la vie.   *bis.*

A DEUX beaux yeux l'un sacrifie
Et la fortune & la grandeur ;
L'autre en chérit l'éclat flateur.
Tout est caprice dans la vie.   *bis.*

EN aimant heureux qui s'oublie !
Pour moi, je veux que les plaisirs
Soient amenés par les défirs.
Tout est caprice dans la vie,   *bis.*

L'AMOUR n'est point une folie,
Mais il faut n'aimer qu'en courant :
Plaire à chacun, changer souvent.
Tout est caprice dans la vie.   *bis.*

H ij

SEMBLE-t'on négliger Silvie?
D'un pas leger elle vous fuit :
La fuit-on? d'abord elle fuit.
Tout est caprice dans la vie.　*bis.*

DES cœurs autrefois l'harmonie
Formoit d'Hymen le nœud charmant :
Ce n'est aujourd'hui que l'argent.
Tout est caprice dans la vie.　*bis.*

QUEL charme ! quelle simpathie,
Que deux cœurs qu'Amour assortit !
L'Hymen bien-tôt les désunit.
Tout est caprice dans la vie.　*bis.*

CHEZ nous, une femme jolie
Donne six mois à son mari :
Il part : survient un Favori.
Tout est caprice dans la vie.　*bis.*

JE perds une femme aguérie ;
Pour ma bourse, c'est un malheur :
Pour mon front peut-être un bonheur.
Tout est caprice dans la vie.　*bis.*

L'HYMEN est une Loterie ;
Pour un billet, cent mauvais ;
Qu'y faire ! On en est pour les frais,
Tout est caprice dans la vie.　*bis.*

SUIVANT le besoin ou l'envie,
On fait des Contracts à tout prix :
L'un prend l'argent, & l'autre est pris.
Tout est caprice dans la vie.　　　bis.

PUISQUE l'Amour me congédie,
Je veux chercher dans le bon vin,
Un prompt remède à mon chagrin.
Tout est caprice dans la vie.　　　bis.

LA PROPRIETÉ DES BOCCAGES.

(Nº. 120.)

DE ce boccage
L'épais feuillage,
Aux plus tendres plaisirs nous engage;
De ce boccage,
L'épais feuillage,
Est fait exprès,
Pour cacher nos jeux secrets.

Tu sçais, Bergere,
L'ardeur sincère,
Qu'à tes attraits,
J'ai juré pour jamais;
En récompense,
De ma constance,

Dans ce féjour,
Rends hommage à l'Amour:

DE ce boccage,
L'épais feuillage,
Aux plus tendres plaifirs nous engage;
De ce boccage,
L'épais feuillage
Eſt fait exprès,
Pour cacher nos jeux fecrets.

C'EST ainſi qu'aux genoux de Silvie,
Les yeux en feu, Colin s'exprimoit
l'autre jour;
Que leur fort devint digne d'envie!
Bien-tôt la Belle, en foupirant, dit à
fon tour.

DE ce boccage,
L'épais feuillage,
Aux plus tendres plaifirs nous engage;
De ce boccage,
L'épais feuillage
Eſt fait exprès,
Pour cacher nos jeux fecrets.

LE RETOUR DU PRINTEMS.

(N°. 121.)

PRINTEMS à ton retour
L'Amour
Soufle à douces haleines,
Un feu couvert,
Que l'hyver
Receloit dans mes veines.

❧

J'OUBLIOIS de Nanon,
Le nom ;
J'oubliois la cruelle,
Dont je souffris
Les mépris,
Mais tout me la rappelle.

❧

ROSSIGNOLS, ses accens,
Touchans,
Furent votre modèle ;
Vos doux frédons,
Vos doux sons,
Vous les apprîtes d'elle.

❧

VIOLETTES, Oeillets,
Bluets,

Vous orniez sa coëffure ;
Ses jolis pieds
Tendres Prés,
Fouloient votre verdure.

❧

ENFANS de mes soupirs,
Zéphirs,
Votre haleine obligeante
Sous le mouchoir,
Faisoit voir,
Sa gorge encor naissante.

❧

TRISTE souvenir,
Martyr,
D'une ame trop sensible !
Pour moi, Printems
Votre tenis.
N'a rien que de terrible.

※ ※ ※ ※ ※ ※ ※ ※ ※

MUSETTE.

(No. 122.)

AVEC plaisir Lisette,
Ecoute ma Musette,
Mais quand je veux
Lui parler de mes feux ;

Laiſſons la bagatelle,
Dit-elle :
N'es-tu pas trop heureux ?
Avec plaiſir Liſette
Ecoute ta Muſette.

❀

MA voix eſt douce & tendre,
Liſette aime à l'entendre ;
Mais quand je veux
Lui parler de mes feux ;
Laiſſons la bagatelle,
Dit-elle :
N'es-tu pas trop heureux ?
Ta voix eſt douce & tendre,
Liſette aime à l'entendre.

❀

A mes moutons ſans ceſſe,
Liſette fait careſſe ;
Mais quand je veux
Lui parler de mes feux ;
Laiſſons la bagatelle,
Dit-elle ;
N'es-tu pas trop heureux ?
A tes moutons ſans ceſſe,
Liſette fait careſſe.

❀

POUR ſon troupeau, Liſette
Se ſert de ma Houlette ;

H v

Mais quand je veux
Lui parler de mes fenx ;
Laiſſons la bagatelle,
Dit-elle.
N'es-tu pas trop heureux ?
Pour ſon troupeau, Liſette
Se ſert de ta Houlette.

MA voix & ma Muſette,
Mes moutons, ma Houlette,
Un ſort ſi doux,
Vous fait mille jaloux ;
Mais auprès de Liſette,
Folette,
De quoi me ſervez-vous,
Ma voix & ma Muſette,
Mes moutons, ma Houlette ?

LE BUVEUR MALADE.

(Nº. 123.)

QUELLE eſt ma peine ! ô ciel ! crioit
Grégoire,
De vin quelle abondance ! ô cruelle
faveur !
Tout le monde va boire,　　*bis*
Eh ! je ne le puis par malheur ;

Un feu cuisant me devore, je tremble,
Je brûle, je frissonne ensemble :
De mon zèle, Bacchus, est-ce donc là
   le prix ?
Soulage moi, grand Dieu, que je chéris ;
Prolonge le destin d'un Buveur qui t'im-
   plore ;
Fais que du vin nouveau je puisse boire
   encore.   *bis.*

LA MAL MARIÉE.

DANSE RONDE.

(Nº. 124.)

Dans ma quinzième année,
  Je cherchois un époux,
  Et je me sentois née,
  Pour un sort assez doux ;
  Ah Pierre ! ah Pierre !
  J'étois morte sans vous.

  Et je me sentois née
  Pour un sort assez doux,
  Quand de la destinée,
  Je ressentis les coups ;
  Ah Pierre ! ah Pierre !
  J'étois morte sans vous.

H vj

QUAND de la destinée,.
Je ressentis les coups;
Ma mere, m'a donnée
A un vieillard jaloux,
Ah Pierre! ah Pierre!
J'étois morte sans vous..

❀

MA mere m'a donnée
A un vieillard jaloux,
Sa mine surannée
Redouble mon courroux,
Ah Pierre! ah Pierre!
J'étois morte sans vous.

❀

SA mine surannée
Redouble mon courroux;
Il entend l'hymenée
Comme à ramer des choux,
Ah Pierre! ah Pierre!
J'étois morte sans vous.

❀

IL entend l'hymenée
Comme à ramer des choux;
Sa tendresse est bornée,
A serrer mes genoux,
Ah Pierre! ah Pierre!
J'étois morte sans vous.

❀

SA tendreſſe eſt bornée,
A ſerrer mes genoux,
Jamais ſa main fanée,
Ne s'égare deſſous,
Ah Pierre ! ah Pierre !
J'étois morte ſans vous.

JAMAIS ſa main fanée
Ne s'égare deſſous ;
Jamais au lit couchée,
N'ay oui que ſa toux,
Ah Pierre ! ah Pierre !
J'étois morte ſans vous.

JAMAIS au lit couchée,
N'ay oui que ſa toux ;
Jamais dans la journée
N'a fermé les verroux.
Ah Pierre ! ah Pierre !
J'étois morte ſans vous.

LES PELLERINS.

Air. *Des Pellerins de S. Jacques.*

(Nº. 125.)

Nous voyageons parmi le monde
Claudine & moi,
Sans que la Pellerine gronde
Lorsque je boi :
Quand je tiens ma gourde à la main
La pauvre fille
Pour avoir de ce jus divin,
Présente sa coquille.

Tous les matins quand je sommeille
Au jour naissant,
Claudine alerte me reveille
En badinant ;
Puis pour me faire aller bon train,
La pauvre fille
Prenant ma gourde pleine en main,
Présente sa coquille.

Quand le soleil brûle la plaine,
Presqu'aux abois ;
Nous cherchons pour reprendre haleine,
L'ombre, les bois ;

Pours lors sur un lit de gazon,
La pauvre fille
Se couche & remet sans façon
Raffraichir sa coquille.

Tous les soirs quand de notre gîte,
Nous sommes près,
Claudine semble aller plus vîte
Pour boire frais,
La nuit, quoi que sans soif, ni faim,
La pauvre fille
Pour mieux marcher le lendemain,
Présente sa coquille.

Sommes nous en pleine campagne
Dans la saison,
Je fais reposer ma compagne
Sur le gazon :
Là nous parlons de nos amours,
De bonne sorte ;
Et je lui montre tous les tours
Du bourdon que je porte.

Ainsi dans un Pelerinage,
Pénible & long ;
Claudine avec moi se soulage
Quand j'ai du fond :

Mais quand ma gourde est vuide enfin
La pauvre fille
Pleure & gémit de voir qu'en vain
Elle tend sa coquille.

Lors de mon mieux je la console
Mais sans succès,
Allons, dit-elle, moins de parole
Et plus d'effet :
Puisque ce jus te charme tant,
La pauvre fille,
Que ne puis-je à chaque moment,
En remplir ta coquille.

MUSETTE.

(N°. 126.)

Suivez les loix
Qu'Amour vient vous dicter lui-même;
Suivez les loix
Que nous chérissons dans nos bois.

L'Amour vous appelle,
Aimez, soyez fidelle :
L'Amour vous appelle
Qu'il est doux d'entendre sa voix!

On fait un choix,
On aime & pour toujours on aime;
Suivez les loix
Que nous chériſſons dans nos bois.

Notre ardeur conſtante
Sans ceſſe s'augmente :
Qu'ici chacun chante,
Mille & mille fois.

On fait un choix,
On aime & pour toujours on aime;
Suivez les loix,
Que nous chériſſons dans nos bois.

❧

AUTRES COUPLETS

Parodies ſur le même air. (N°. 126.)

Sur nos Hautbois
Nos Flutes, nos douces Muſettes,
Sur nos Hautbois
Nous ſçavons accorder nos voix.

Nos jeunes Bergeres
Jamais ne ſont légeres,
Nos jeunes Bergeres
Sont toujours fixes dans leurs choix.

Au fond d'un bois
Philis va chercher des noisettes ;
Au fond d'un bois
L'Amour se trouve quelquefois.

En vain la Satyre,
Y trouve à redire,
On la laisse dire,
Et malgré ses loix,

Au fond d'un bois
Philis va chercher des noisettes ;
Au fond d'un bois
L'Amour se trouve quelquefois.

Dessous l'ormeau,
Colin nous met tous en cadence ;
Dessous l'ormeau,
On danse au son du chalumeau.

Sur l'herbe fleurie,
D'une verte prairie,
Sur l'herbe fleurie
Lucas va suivi d'Isabeau.

Au bord de l'eau
Le tendre Berger fait instance ;
Au bord de l'eau
La Belle devient un agneau.

Si quelque scrupule,
La rend incrédule,
Si quelque scrupule,
Lui monte au cerveau.

Au bord de l'eau,
Le tendre Berger fait instance;
Au bord de l'eau,
La Belle devient un agneau.

Avec du vin,
Je passe doucement la vie ;
Avec du vin,
Et de tems en tems ma Catin.

J'évite l'yvresse,
Je vois peu ma Maîtresse ;
J'évite l'yvresse,
Et tout ce qui sent le chagrin.

Je bois du vin,
Je passe doucement la vie;
Je bois du vin,
Et je ménage ma Catin.

Bacchus sans allarmes,
Et l'Amour sans larmes,
Me font par leurs charmes
Un heureux destin.

Je bois du vin,
Je passe doucement la vie;
Je bois du vin,
Et je ménage ma Catin.

❧

Je n'ai de loi
Que ma volonté, mon caprice;
Je n'ai de loi
Que celle que je tiens de moi.

BACCHUS m'est propice,
Je trinque comme un Suisse;
Bacchus m'est propice,
Tout le jour & la nuit je boi.

Je n'ai de loi
Que ma volonté, mon caprice;
Je n'ai de loi
Que celle que je tiens de moi.

VOILA mon systême,
Philis, & quand j'aime,
Maître de moi-même,
Je puis dire en Roi.

Je n'ai de loi
Que ma volonté, mon caprice;
Je n'ai de loi
Que celle que je tiens de moi.

❧

Je sens, Maman,
Un feu qui toujours m'inquiéte ;
Je sens, Maman,
Mon cœur tout je ne sçais comment.

Un jour sur l'herbette,
Tircis sur sa Musette,
Joua la coquette ;
Depuis ce dangereux moment,

Je sens, Maman,
Un feu qui toujours m'inquiéte ;
Je sens Maman,
Mon cœur tout je ne sçais comment.

A votre fillette,
Pour toute recette,
Allez faire emplette
De cet instrument.

Vîte Maman
De Tircis ayez la Musette,
Vîte Maman,
Je guérirai facilement.

❦

Vois-tu Lucas
On a l'air bien sot quand on aime,
Vois-tu Lucas
Je n'aime point tant d'embarras,

Margot est gentille,
All' gambade & frétille ;
Margot est gentille,
Mais morgué je ne m'y fie pas.

Tu me diras,
Qu'all' est blanche comme la crême ;
Tu me diras . . .
Mais morgué je ne m'y fie pas.

Tian, ces bonnes pièces,
Quand y sont maîtresses,
Sont bientôt diablesses
Pour un pauvre gas.

Tu me diras,
Qu'all' est blanche comme la crême ;
Tu me diras . . .
Mais morgué je ne m'y fie pas.

Il est bien doux,
De vous aimer belle Silvie ;
Il est bien doux
De pouvoir être aimé de vous,

Le tems, ni l'absence
N'auront point de puissance ;
De notre constance
Que tout le monde soit jaloux,

Il est bien doux,
De vous aimer belle Silvie;
Il est bien doux,
De pouvoir être aimé de vous.

Des désirs l'yvresse
Doit durer sans cesse,
Quand c'est la tendresse
Qui les donne tous.

Il est bien doux,
De vous aimer belle Silvie;
Il est bien doux,
De pouvoir être aimé de vous.

L'AMOUR ET LA FOLIE.

VAUDEVILLE,

(N°. 127.)

Suivez l'Amour & la folie,
Vous goûterez un sort charmant;
L'Amour est l'ame de la vie,
La folie en fait l'agrément:
La raison jalouse en vain gronde,
Fermez l'oreille à ses discours;
Sans la folie & les amours,
Que deviendroit le monde?

A jeune fillette une mere
Défend toujours d'aller au bois;
Mais on se rit de sa colere
Et l'on s'échappe en tapinois :
L'Amour fait le guet à la ronde;
Les Silvains sont vifs & charmans;
Si l'on écoutoit les Mamans
Que deviendroit le monde ?

PAUVRES Maris que l'on offense
Et dont on rit encore après,
Sur les autres prenez vengeance;
Mais n'en vivez pas moins en paix;
Qu'on vous chansonne, qu'on vous
    fronde,
Ne vous mettez point en courroux;
Messieurs, si vous vous fachiez tous,
Que deviendroit le monde ?

CONTENT du cœur de ma Bergere
Le mien ne désire plus rien;
Je l'adore, j'ai sçû lui plaire,
Je jouïs du souverain bien :
Notre félicité se fonde
Jusqu'au trépas sur ce beau feu;
Après nous il importe peu,
Ce que devient le monde.

On ne me veut voir occupée
Que de joujoux & de pompons;
On me renvoye à ma poupée,
Dès que je fais des questions :
Mais c'est à tort que l'on me gronde ;
Si certains desirs curieux,
Aux fillettes n'ouvroient les yeux,
Que deviendroit le monde ?

A dépeupler la terre entiere
Travaille ce vieux Médecin,
Vous le voyéz dans sa colère
Livrer bataille au genre humain :
Si dans le tems qu'il fait sa ronde,
Sa jeune & prudente moitié
Des maux d'autrui n'avoit pitié,
Que deviendroit le monde.

L'AMANTE PASSIONNÉE.
(Nº. 128.)

Au Berger que j'adore
Je pense ou parle tout le jour ;
Du soir au lever de l'Aurore
Son image encore
Occupe & flate mon amour :

Je ne demande point s'il deviendra vo-
  lage
De son cœur tout doit m'assurer ;
Mais ne puis-je pas esperer
De l'aimer encore davantage ?   *bis.*

VAUDEVILLE.

(N°. 129.)

C'EST un abus qui restera,
L'on a passé l'Amant aux femmes ;
Pauvre époux en vain tu déclames,
    On te sifflera,
On te siffle, fle, fle, on te sifflera, fle,
    On te sifflera :
Mais si tu restes bouche close
Comme un galant homme fera ;
Et que tu prennes bien la chose,
    On te claquera,
On te cla, cla, cla, clac, on te claque-
  ra, clac,
    On te claquera.

TANT que le bon ton durera
A Paris, sans aucun scrupule,
Pour le plus mince ridicule
    On vous sifflera,

On vous fiffle, fle, fle, on vous fiffle-
　　ra, fle,
　　　　On vous fifflera :
Mais du fiecle fuivant les traces,
Ayez autant qu'il vous plaira
De vices cachés fous des graces,
　　　　On vous claquera,
On vous cla, cla, cla, clac, on vous
　　claquera, clac,
　　　　On vous claquera.

Un Amant qui ne connoîtra
De plaifirs, & de bien fuprême,
Qu'à rendre heureux l'objet qu'il aime ;
　　　　On le fifflera,
On le fiffle, fle, fle, on le fifflera, fle,
　　　　On le fifflera :
Mais un homme à bonne fortune
Qui par fatuité prendra
Vingt femmes fans en aimer une,
　　　　On le claquera,
On le cla, cla, cla, clac, on le cla-
　　quera, clac,
　　　　On le claquera.

LE RETOUR DU PRINTEMS.

AIR. *Dans ma cabanne obscure.*

(N°. 45.)

DAns ce riant boccage
Tous les cœurs sont contens,
Les jeux sur ce rivage
Célébrent le Printems ;
Zéphir que Flore amène,
Annonce son retour,
Et déja dans la plaine,
Folâtre avec l'Amour.

SA présence féconde
Ranime nos côteaux,
Rend le murmure à l'onde
Et le chant aux oiseaux ;
Les fleurs & la verdure
Succèdent aux frimats,
Et la triste nature,
S'embellit sous ses pas.

Au loin dans la prairie,
Je vois l'Amant heureux,
Baiser la main chérie
Qui couronne ses feux :

Il n'eſt plus de martyre
Dans ce temps fortuné ;
Tout Berger qui ſoupire,
Eſt Amant couronné.

D'une nouvelle flâme,
Il embraſe les cœurs,
Sa chaleur eſt à l'ame
Ce qu'elle eſt à nos fleurs.
Pour la ſeule Iſabelle
L'Amour eſt ſans appas ;
Et c'eſt toujours pour elle
La ſaiſon des frimats.

Adorable Climène
Qui m'avez ſçu charmer,
Trop aimable inhumaine,
Laiſſez-vous déſarmer ;
Sans ceſſe pour ma flâme,
L'Amour reçoit mes vœux ;
Que n'eſt-il dans votre ame
Comme il eſt dans vos yeux.

Votre tendre jeuneſſe
Vous dit qu'il faut céder,
Entr'elle & la ſageſſe,
L'Amour doit décider

I iij

L'on fuccombe avec gloire,
En fuivant fes défirs,
La défaite eft victoire,
Dans le fein des plaifirs.

* * * * * * *

AVENTURE DE MANON GIROUX.

(N°. 130.)

QUEU qui veut fçavoir l'hiftoire,
    De Manon Giroux ?
J'lont encor' dans la mémoire,
    Accourez tretous :
All' n'eft pas guere à fa gloire ;
    Mais dam', voyez vous ;
C'eft qu'quand on zaîm' tant à boire,
    C'eft pus fort que nous.

Pour entrer dans la maquiere
    Faut fçavoir d'abord,
Qu'all' a fait long-tems la fière,
    Le foir fur le port :
Les Meffieux de notre barriere ,
    D'fous l'bras la prenant,
All' en avoit par darriere,
    Et pis par devant.

BACHOT de la Guatnouillere
S'croyoit fon futur,
On l'avoit fait fon eopére
Pour qu'çà fut pus fûr :
Manon fefant d'la zupée
Comm' quand on za d'quoi,
Dit, y m'faut un homm' d'épée
N' penfez pu t'à moi.

BACHOT de la parférence,
Piqué comm' un chien,
Pour afin d'avoir vengeance
Fait femblant de rien :
Manzelle, n'y a pas d'réplique,
Dit-il, mais demain :
Quittons-nous comm'çà s'pratique,
Le verre à la main.

HA, vraiment, Monfieu, c'eft jufte,
Drès demain c'eft fait ;
Manzelle Giroux, s'ajufte,
Met fon mantelet :
Bachot, itout s'endimanche,
Prenant Gonichon ;
Tous trois vont caffer l'éclanche,
Yau premier bouchon.

I iv

V'la qu'pendant qu'Manon chopine,
Gonichon qui part,
D'vers les Commis s'achemine
Tout comm' un Mouchard :
Gn'à, dit-il, une Marchande
Meffieux, t'ici près,
All' a de la contrebande
Tout plein des paquets.

BACHOT verfant à fa Belle
Toujours queuques coups,
S'amufe à d'la bagatelle
Autour des genoux :
D'abord fon œil alle roule,
Dam' lui qui voi çà :
Dit, fur vot' refpect, ma poule
Faut paffer par là.

ALL' en avoit fa cornette
Encor de travers,
V'là les Commis en cad'nette,
Et zen habits verds ;
Tout un chacun de furprife
Tumbit de fon haut,
De voir Manon Giroux, grife,
S'qu'eft un grand défaut.

Quoi c'est vous, Mademoiselle ?
Dit l'un d'ces Messieux :
Vraiment vot' partie est belle ,
Fi, qu'çà est zonteux :
Est-ce ainsi qu'on se coporte ?
C'est bon t'a sçavoir ;
Puis tous ils gagnons la porte ,
Lui fichant l'bon soir.

❖

Vous que cet exemple touche
Çà vous fait bien voir ,
Que fille qu'est sur sa bouche
Manque à son devoir ;
Et par cette Chansonnette
On z'est convaincu ,
Qu'il ne faut pas que l'on pette
Plus z'haut que le cul.

LE RENDEZ-VOUS.
(Nº. 131.)

Flore en nos champs rétablit son
Empire ,
Et fait déjà l'espoir de nos Vergers :
L'écho des bois s'éveille pour redire
Les tendres chants des amoureux Ber-
gers :

I y

Mais c'est en vain que le Printems l'an-
    nonce ;
Tu ne viens point Daphnis , mon cher
    Daphnis :
Ah ! si je vois prolonger ton absence
Tous les beaux jours pour moi seront
    finis.

AUPRES de toi mon ame est satisfaite,
Rien ne me plaît où je ne te vois pas ;
D'un lieu désert , d'une affreuse retraite
Tu me ferois un séjour plein d'appas.
Doux sentiment vous me troublez sans
    cesse ;
Mais je chéris mon trouble & ma lan-
    gueur ,
Sans les transports d'une amoureuse
    yvresse
Sentirions-nous que nous avons un cœur ?

LA jeune Iris au lever de l'Aurore
De ce Recit entretenoit l'écho,
Et le rendoit bien plus touchant encore,
En y joignant un air tendre & nouveau ;
Daphnis parut, répondit à la Belle ;
Je n'en dis rien , car la fille de l'air
Discretement a reservé pour elle
De la Chanson , les paroles & l'Air.

ROMANCE.
(N°. 132.)

Mon cœur charmé de sa chaîne
        Imite dans ses amours,
Un ruisseau qui dans la plaine
Suit rapidement son cours;
            Toujours,
            Toujours,
    Je chérirai mon Ismene;
    Je l'adorerai toujours.

    Le jour que l'Aurore amène
Brille moins que ses attraits;
La Rose qui s'ouvre à peine,
A l'air moins vif & moins frais:
            Jamais,
            Jamais,
    Je n'oublierai mon Ismene,
    Je ne changerai jamais.

    Quand le sort qui tout entraîne
Au tombeau nous conduira;
On gravera sur un chêne
Que le temps respectera:

I vj

Hélas !
Hélas !
Rien ne fut si beau qu'Ismène,
Rien de plus tendre qu'Hislas.

****

LES LOUANGES DE BABET.

(Nº. 133.)

BABET m'a sçû charmer,
Babet a ma tendresse ;
Qui viendroit m'en blâmer,
N'a pas vû ma Maîtresse :
C'est un air si fin,
Une taille, un sein ! . . .
C'est la plus belle fille :
N'eût-elle que des jupons courts
Et son corcet à tous les jours,
Vous diriez fussiez-vous un Ours,
Babet, que t'es gentille !
Babet, que t'es gentille !

QUAND Babet a dit oui,
C'est oui, qu'il faut comprendre ;
Chacun est réjoui,
Si-tôt qu'on peut l'entendre :
C'est en vérité,
La simplicité,

Point de détour de fille ;
Fût-ce le soir où le matin,
Qu'on la voie, adieu le chagrin,
Qu'elle chante, on est tout en train.
Babet, que t'es gentille !
Babet, que t'es gentille !

Un gros Fermier d'ici
A dit, Babet je t'aime,
Je mourrai de souci,
Si tu n'en dis de même :
Tiens, veux-tu de l'or,
De l'argent encor ?
Tiens donc, prens en ma fille :
Mais elle dit, allez Monsieur
Quoique pauvre j'ons de l'honneur ;
Quand j'ai vû çà, j'ai dit d'un cœur,
Babet, que t'es gentille !
Babet, que t'es gentille !

J'irai trouver Babet,
J'irai trouver sa mere :
Non d'abord en secret ;
Mais je crains sa colere,
Je lui parlerai,
Oui, je lui dirai,

Ah! Babet, Ah! ma fille!
Si tous les jours je suis tes pas,
C'est que l'Amour & tes appas...
Tiens je ... oüi, non, je ne meurs
    pas,
    Babet, que t'es gentille!
    Babet, que t'es gentille!

AUTRE *Couplet, sur le même air :*

    COMME un beau jour naissant,
Au lever de l'Aurore;
Tu n'étois qu'un enfant,
N'y a pas long-tems encore:
    Je me tenois coi,
    J'étois avec toi
    Sage comme une fille,
Dame à présent sous ton mouchoir...
En vérité faudroit avoir
Les yeux fermés pour ne pas voir,
    Babet, que t'es gentille!
    Babet, que t'es gentille!

A I R.

(Nᵒ. 134.)

DE l'Art séduisant de charmer,
Fais moi présent Dieu de Cithere ;
Je ne veus point sçavoir aimer,
Il ne me faut que sçavoir plaire :
Qu'il est doux d'avoir chaque jour
Plus d'une nouvelle conquête !
Et la plus brillante est toujours } bis.
La derniere qu'Amour apprête.

L'AMOUR ROSSIGNOL.

(Nᵒ. 135.)

PAr un matin Lisette se leva,
Et dans le bois seulette s'en alla,
Ta la la la la la la la la le ra.

ELLE cherchoit des Nids deçà, de là,
Dans un buisson le Rossignol chanta,
Ta la la la, &c.

TOUT doucement elle s'en approcha ;
Sçavez-vous bien ce qu'elle dénicha ?
Ta la la la , &c.

C'ÉTOIT l'Amour , l'Amour l'atten-
doit là ;
Le bel oiseau, dit-elle, que voila !
Ta la la la , &c.

LA pauvre enfant le prit, le caressa ;
Sous son mouchoir en riant le plaça ,
Ta la la la , &c.

SON petit cœur aussi-tôt s'enflamma ;
Elle gémit, elle ne sçait ce qu'elle a.
Ta la la la , &c.

ELLE s'en va se plaindre à son Papa ;
En lui parlant la Belle soupira.
Ta la la la , &c.

LE bon Papa qui s'en doute déja ;
Lui dit, je sçais un remède à cela.
Ta la la la , &c.

IL prit l'Amour, les aîles lui coupa ;
D'un double nœud fortement le lia.
Ta la la la , &c.

Dans la voliere ensuite il l'enferma :
Chantez fripon autant qu'il vous plaira.
Ta la la la, &c.

Heureusement la Belle s'en tira,
Mais on n'a pas toujours ce secret là.
Ta la la la, &c.

Jeunes Beautés que l'Amour guettera,
Craignez le tour qu'à Lisette il joua.
Ta la la la la la la la la le ra.

L'AMOUR A LA MODE, ou LES SOUPIRS STERLINGS,

(N°. 136.)

Oui, je t'aime,
Je préférerois tes appas,
A Venus même,
Oui, je t'aime . . .
Monsieur, je ne vous comprends pas.

Depuis deux ans,
Je guette les instants,
Où je puis d'une ardeur extrême,
Te prouver mes sentiments,
Ah ! friponne tu m'entends :

Oui , je t'aime,
Je préférerois tes appas ;
A Venus même,
Oui, je t'aime . . .
Monsieur , je ne vous comprends pas.

PRENDS ce nœud , ce coulant ,
Mets à ton doigt ce brillant :
Puis-je d'un moindre prix
De toi payer ce souris ?
Que dirois-tu Philis ,
Si sur ce tapis,
Je mettois cent Louis ? . .

Oui , je commence à comprendre
Vous m'aimez , cet aveu si doux ,
Se fait entendre,
On est tendre,
Mais Monsieur que ne parliez-vous.

*X*X*X*X*X*X*X*X*X*X*X*X*X*X*X*

LE PRÉCEPTEUR A LA MODE.

Même air. (Nº. 136.)

QUELLE enfance !
Quoi sans cesse de la pudeur ?
Quelle indécence ,
Quelle enfance !
Ah ! ce préjugé fait horreur.

Lorsqu'un Amant
Propose un doux moment,
Cupidon défend qu'on balance,
Cesse de croire à l'honneur,
En amour c'est une erreur.

Quelle enfance !
Quoi sans cesse de la pudeur ?
Quelle indécence,
Quelle enfance !
Ah ! ce préjugé fait horreur.

Tu rougis,
Tu souris,
Des plaisirs tu sens le prix :
Viens hélas ! dans mes bras,
Ne voiles plus tes appas.
Mais quel charme subit,
Quel froid me saisit ?
Je suis annéanti.

Peste soit de l'enfance . . .
Non, je n'ai plus que des desirs . . .
La résistance,
Belle Hortense,
Coupe la trame des plaisirs.

****

LES FLEURETTES,
VAUDEVILLE.
(N°. 137.)

IL N'EST point de Fleurettes
Sans le Printems,
Ni de Printems, Brunette,
Sans les Amans.

L'AMOUR aux dons de Flore
Ajoûte un coloris,
Des charmes de l'Aurore
Il fait sentir les prix.

IL n'est point, &c.

UNE ame sans tendresse
S'ennuie à chaque instant ;
Quand le cœur s'intéresse
On va toujours chantant.

IL n'est point, &c.

NOUS goûtons sur l'herbette ;
Le repos le plus doux :
Pour nous le Berger guette,
Et nous défend des loups.

IL n'est point, &c.

Rossicnol, ta voix tendre
  Est la voix des plaisirs,
Quand ses sons font entendre,
  L'écho de nos soupirs.

Il n'est point, &c.

※

Qu'une jeune Bergere
  Se plaît en ce séjour,
Quand la tendre fougere,
  Sert de thrône à l'Amour !

Il n'est point de Fleurettes
    Sans le Printems,
  Ni de Printems, Brunettes,
    Sans les Amans.

L'HÉRITAGE.

VAUDEVILLE.

(Nº. 138.)

Je n'ai qu'un petit héritage
    Que je chéris infiniment ;
Même avant que d'être en ménage
J'y prens tout mon amusement.
      C'est le plus petit,
      C'est le plus joli,
C'est le plus joli petit Bien du village.

※

Une source dans ce boccage,
Coule au bas d'un petit valon,
Tout rit sur son charmant rivage
Le Printems seul est de saison.
   C'est le plus petit, &c.

Au dessus pour servir d'ombrage
S'éleve le plus joli mont;
Couvert non d'un simple feuillage;
Mais d'un frais & tendre gazon.
   C'est le plus petit, &c.

Oui, c'est là tout mon appanage
Amour y comble mes desirs,
Il en a fait un Hermitage,
Il n'y vient qu'avec les plaisirs.
   C'est le plus petit, &c.

Pour le plus charmant paysage
J'implore le Dieu des Amours;
S'il m'accorde cet avantage,
Ma Musette dira toujours.
   C'est le plus petit, &c.

Autres Couplets sur le même air.

Non ce n'est point un badinage
Que cette petite chanson
D'Églé ce bien fut le partage,
Par droit de substitution :
C'est le plus petit,
C'est le plus joli,
C'est le plus joli petit Bien du village.

Grace au Dieu du mariage,
Tircis en prit possession,
Il y fait toujours quelqu'ouvrage ;
Mais jamais d'augmentation.
C'est le plus petit, &c.

De sa Maman la vive image,
La jeune Églé pour sa maison,
De ce bien charmant d'âge en âge,
Assure la succession.
C'est le plus petit,
C'est le plus joli,
C'est le plus joli petit Bien du village.

ROMANCE.

AIR. *Dans ma cabane obscure.* (N°. 45.)

PLus matin que l'Aurore
Dans nos valons j'étois,
Bien après l'soir encore,
Dans nos valons j'restois ;
Le travail & la peine
Tout çà n'me faisoit rien :
Hélas ! c'est que Bastienne,
Étoit avec Bastien.

DRES que le jour se leve,
Je voudrois qu'il fût soir,
Et drès que l'jour s'achève,
Au matin j'voudrois m'voir ;
D'où vient c'que tout m'chagreine
Et que j'nons l'cœur à rien ?
Hélas ! c'est que Bastienne,
N'voit plus son cher Bastien.

L'CHANGEMENT de ce volage
Devroit bien m'dégager,
Mais j'n'en ont pas l'courage
Et je n'sçais qu' m'affliger ;

D'un

Dun ingrat quand on s'vange
C'eſt ſe dédommager :
Mais hélas ! Baſtien change
Et je n'ſçaurois changer.

LE CABRIOLET DE THÉMIRE.

Mêmes airs. (Nº. 45.)

Mille riches voitures,
Roulent ſur les Remparts,
Leurs riantes Peintures
Fixent tous les regards :
De leur éclat Thémire,
Je ſuis peu ſatisfait,
Et mon cœur ne déſire,
Que ton Cabriolet.

Jamais déſobligeante
N'eut un ſi beau contour ;
Que ſa forme eſt charmante !
C'eſt le char de l'Amour :
La conque d'Amphitrite
Qui ſi galante étoit,
N'avoit pas le mérite
De ton Cabriolet.

Tome VIII. K

Ce petit équipage
Me convient cent fois mieux,
Que le vain étalage,
De tous ces demi-Dieux;
Ah! ma chere de grace
Exauces mon souhait;
Laisses-moi prendre place
Dans ton Cabriolet.

Trop d'aise & d'avantage
Refroidit le désir,
Dans un grand équipage
On a moins de plaisir;
Souvent un peu de peine
Rend le bonheur parfait,
Je préfére la gêne
De ton Cabriolet.

Le dégoût, l'indécence
Bannit la volupté,
D'un char où l'opulence
Pare la vanité:
Ses méprisables chaînes;
Pour toi n'ont point d'attrait,
Et Venus tient les rênes
De ton Cabriolet.

LES CONSEILS.
(N°. 139.)

SI vous voulez fuivre les loix,
Du Dieu qui vous céde fon titre
Thémire, que de votre choix
Un doux penchant feul foit l'arbitre.

AVANT faites vous des leçons,
Sur le caractère des hommes,
Et fongez que nous nous donnons
Rarement pour ce que nous fommes.

TEL avec un efprit brillant
Vous peint fa tendreffe & vos charmes,
Qui près d'une autre, en vous quittant,
Va fe fervir des mêmes armes.

CET autre à votre aimable afpect,
Sera foûmis en apparence,
Mais fiez-vous à fon refpect
Bien moins qu'à votre réfiftance.

K ij

Celui-ci semble être tout feu;
Ses pleurs sont garants de sa peine;
Mais a-t-il surpris votre aveu
Il rompt ses fers & vous enchaîne.

Gardez-vous aussi d'un Muguet
Qui joint la fadeur à l'hommage :
Il est leger dans son caquet,
Mais son cœur l'est bien davantage.

Ne mordez point à l'hameçon
Des gens qu'on nomme raisonnables;
Gens si capables de raison
De bien aimer sont peu capables.

Mais s'il se présente un Amant
Doux, complaisant, discret, sincère;
Dont le cœur peint le sentiment
Laissez-lui voir qu'on peut vous plaire.

Que de votre part le retour,
Pour vous assurer de sa constance.
Ajoute aux liens de l'Amour
Les nœuds de la reconnoissance.

LA BERGERE DELAISSÉE.
PASTORALE.

(N°. 140.)

DE MON Berger volage
J'entends le flageolet,
De ce nouvel hommage
Je ne suis point l'objet ;
Je l'entends qui fredonne
Pour une autre que moi,
Hélas ! que j'étois bonne
De lui donner ma foi.

CE n'est plus un myſtère,
Quand tu vois ma douleur ;
Tu ſçais qu'une Bergere
Ne connoît qu'un malheur :
L'ingrat que je préfére,
Tircis que j'aimois tant,
A qui je fus ſi chere,
Tircis eſt inconſtant.

AUTRE fois l'infidele,
Faiſoit dire à l'écho,
Que j'étois la plus belle
Qui fût dans le hameau ;

Que j'étois sa Bergere,
Qu'il étoit mon Berger ;
Que je serois légère,
Sans qu'il devint léger.

J'AVOIS sçu me défendre
Depuis plus de deux ans ;
On croit pouvoir se rendre
Après mille sermens :
Que ne sçut-il pas dire,
Pour vaincre mes refus,
Devrois-je l'en instruire ?
L'ingrat ne m'aime plus.

UN jour, c'étoit ma fète,
Il vint d'un grand matin
De fleurs orner ma tète,
Il plaignoit son destin :
Il dit, veux-tu cruelle
Jouir de mon tourment ?
Je dis, sois moi fidele
Et laisse faire au temps.

TIRCIS charmé m'embrasse,
J'en eus quelque dépit,
Ses yeux demandoient grace,
Mon cœur y consentit ;

Bientôt plus téméraire
Ce fut nouveau transport,
Je me mis en colère
Et m'appaisai d'abord.

CRAINTE de lui déplaire,
Je ne pus le gronder,
Un charme involontaire
Me força de ceder ;
Je crus son cœur sincère,
Il vit tout mon plaisir,
Hélas ! qu'avois-je à faire ?
Me taire & puis rougir.

LE Printems qui vit naître
De si belles ardeurs,
Les a vûes disparoître
Aussi-tôt que les fleurs ;
Mais s'il ramène à Flore
Les inconstants Zéphirs,
Ne pourroit-il encore
Ranimer ses désirs ?

DANS ma douleur extrême
Je voudrois me vanger,
Que ne puis je de même
Prendre un autre Berger :

Mais non, pour l'Amour même
Je ne voudrois changer,
Hélas ! lorsque l'on aime
Peut-on se dégager ?

Qu'il porte à ma Rivale
Un cœur qui m'appartient ;
Cette Beauté fatale
Dans ses nœuds le retient :
Qu'il soit tendre ou volage
Qu'il soit ce qu'il voudra,
Jamais mon cœur plus sage
Pour lui ne changera.

LA GRIVOISE.

AIR. *Des Cartouchiens, ou dans la tour de Mormonte.* (N°. 141.)

DANS les soldats des Gardes,
Tous ne sont pas coyons ;
Il est sous leur cocardes
Liron lan, fare la rirette,
D'assez braves Garçons,
Liron lan, fare la riron.

J'EN connois vingt ou trente
Tous enfans sans quartier,
Qui donnent l'épouvante,
Liron lan, fare la rirette,
Aux autres du métier,
Liron lan, fare la riron.

❧

UN fier porte-mouftache
Qui protege Fanchon,
Nuit & jour sans relâche,
Liron lan, fare la rirette,
Veille à son taudion,
Liron lan, fare la riron.

❧

L'AUTRE fois, la Tulippe
Chez elle s'eft coulé,
Il y caffa sa pipe,
Liron lan, fare la rirette,
Car il fut faboulé,
Liron lan, fare la riron.

❧

DEUX ou trois coups de lame
Qu'il n'a pas efquivés
Lui firent vomir l'ame,
Liron lan, fare la rirette,
Entre quatre pavés,
Liron lan, fare la riron.

❧

La Gueuſe, en eſt ſi fiere
Quand elle a ribotté,
Qu'elle même va faire;
Liron lan, fare la rirette,
Boucan de tout côté,
Liron lan, fare la riron.

Depuis cette aventure,
Dans le premier bouchon,
Toute fille d'allure,
Liron lan, fare la rirette,
Lui doit un gueuleton,
Liron lan, fare la riron.

Que les crocs de ſon drille,
Faſſent peur aux Michés,
Je ne ſuis qu'une fille,
Liron lan, fare la rirette,
Ils ſeront arrachés,
Liron lan, fare la riron.

De ſes crocs peu m'importe
Va, j'ai les miens, Fanchon,
Je ſerai la plus forte,
Liron lan, fare la rirette,
Ou j'y perdrai mon nom,
Liron lan, fare la riron.

REPROCHES GRIVOIS.

Air. *Dans les Gardes Françoises.*

(Nº. 142.)

Plus tygresse qu'eun' louve
Dont on n'ose approcher,
Lison, rien n'vous emouve,
Vous êt' pis qu'un rocher.
Pour n' pas voir mon mérite
Vous vous bouchez les yeux,
S'il faut qu'en vous irrite,
Je fis ben malheureux.

Vous croyez que j'respire
Quand j'suis vis à vis d'vous,
C'n'est point çà, c'est qu' j'soupire,
J'croi qu'j'en deviendrai fou.
Car c'n'est point par bravade,
J'n'suis point Fanfaron,
Cupidon de sa hal'barde,
A bouri mon giron.

J'avois fait serment presque
De n'aimer de mes jours
Vot' minois Romanesque
M'a brulé pour toujours.

On a bien raifon d'dire
Qui n' faut jurer de rien;
Car j'n' puis m'en dédire,
J'fuis pis qu'un jeune chien.

❧

J'vous fais des facrifices
Qui n' me cout' pas beaucoup,
Babet m' fait des malices
J'n'y réponds pas du tout :
Si bien qu' l'autre femaine
Ell' m'prit par d'fous l'menton,
J'li dis tu perds ta peine,
J'n'aime que ma Lifon.

❧

VOTRE bouche écarlate,
Et vos friands yeux bleux,
Font qu'mon cœur fe dilate,
Et fe fend prefque en deux,
Si l' vot' fe fend de même
Pourquoi me le cacher?
Faut-il fair' tant d'emblême,
Où n'ia pas d'quoi fe fâcher.

F I N.

No I
AIRS
Du VIII.Volume
I
No 2
No 3
Gravé par M.me DeLusse

N° 4
N° 5
N° 6

3
N°7
N°8
3
N°9
8

N.º 10
N.º II
N.º 12
N.º 13

N. 14
2
N° 15

N.º 16
N.º 17
N.º 18
N.º 19

N.º 20
N.º 21
N.º 22

N.º 23
N.º 24
N.º 25

au Maj
N°. 26
N°. 27

10
N.° 28
N.° 29
N.° 30
N.° 31

Nᵒ 32
Nᵒ 33

12
N.º 34
N.º 35
N.º 36

N.º 37
N.º 38

N.º 39
N.º 40
N.º 41

Nº 42
Nº 43

16 _ Nº 44
Le Mtre a Chanter
Nº 45
Nº 45

Nº 47
Vite
Lent
Vite
Nº 48

18
N.º 49
N.º 50
N.º 51
N.º 52

N.º 53
N.º 54
N.º 55

20
Nº56
Nº57
Nº58

Nº 59
Nº 60

N.º 61
N.º 62
N.º 63
N.º 64

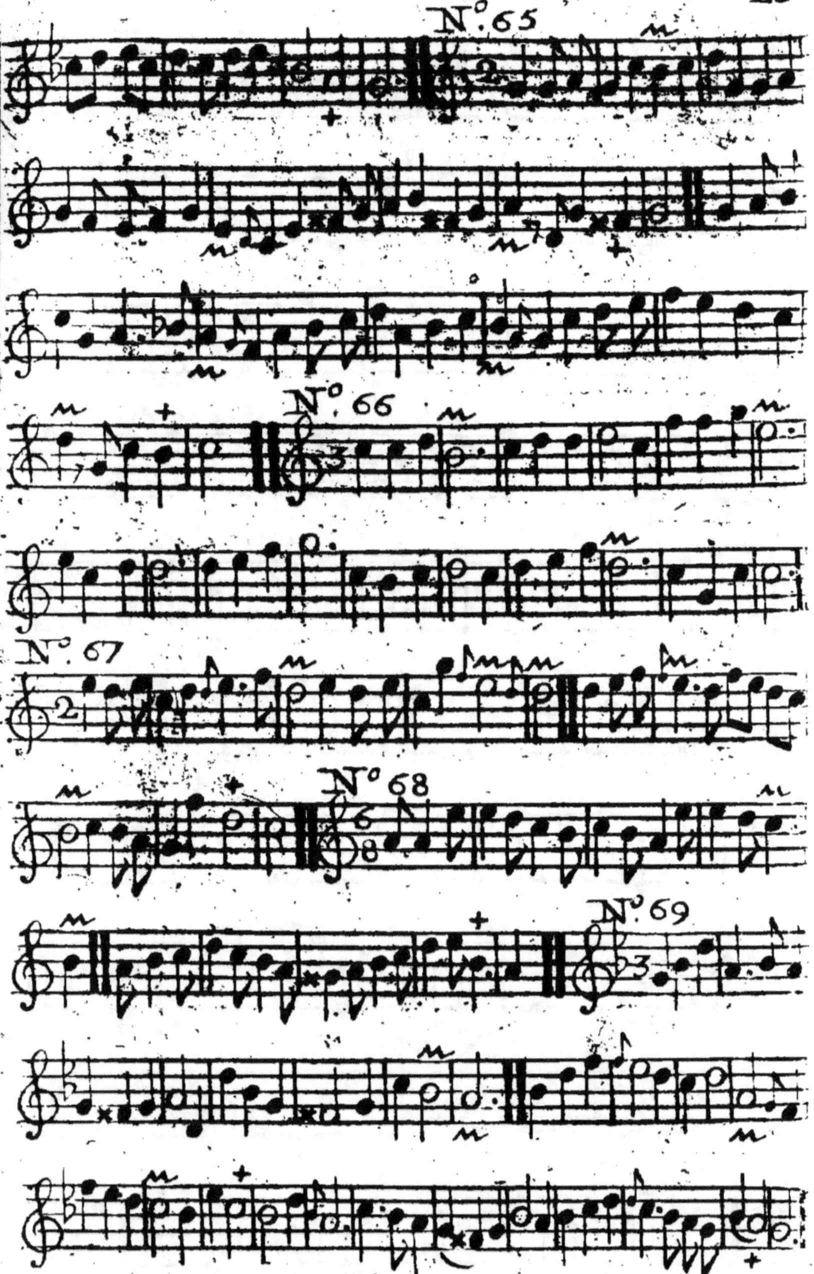
N°. 65
N°. 66
N°. 67
N° 68
N°. 69

Nᵒ 70
Nᵒ 71
Nᵒ 72
Nᵒ 73

Nº. 74
Nº. 75

N.° 76
N.° 77
N.° 78

N.º 79
N.º 80
N.º 81
N.º 82

28
N.° 83

N.º 84
29
Lent
Leger
Lent
Leger
N.º 85

N.º 86
N.º 87
N.º 88
N.º 89
N.º 90

N.º 91.
N.º 92
N.º 93

N.º 94
N.º 95
N.º 96

N.º 97
N.º 98
N.º 99

34 Nº. 100.
Nº. 101
Nº. 102

N°.103
N°.104
N°.105

N°.109
N°.110
N°.III
N°.112

38
N.º 113
N.º 114
115
N.º 116

N.° 117
N.° 118
N.° 119

40 N.º 120
N.c 121
N.º 122

Nº 124
Nº 125
Nº 126

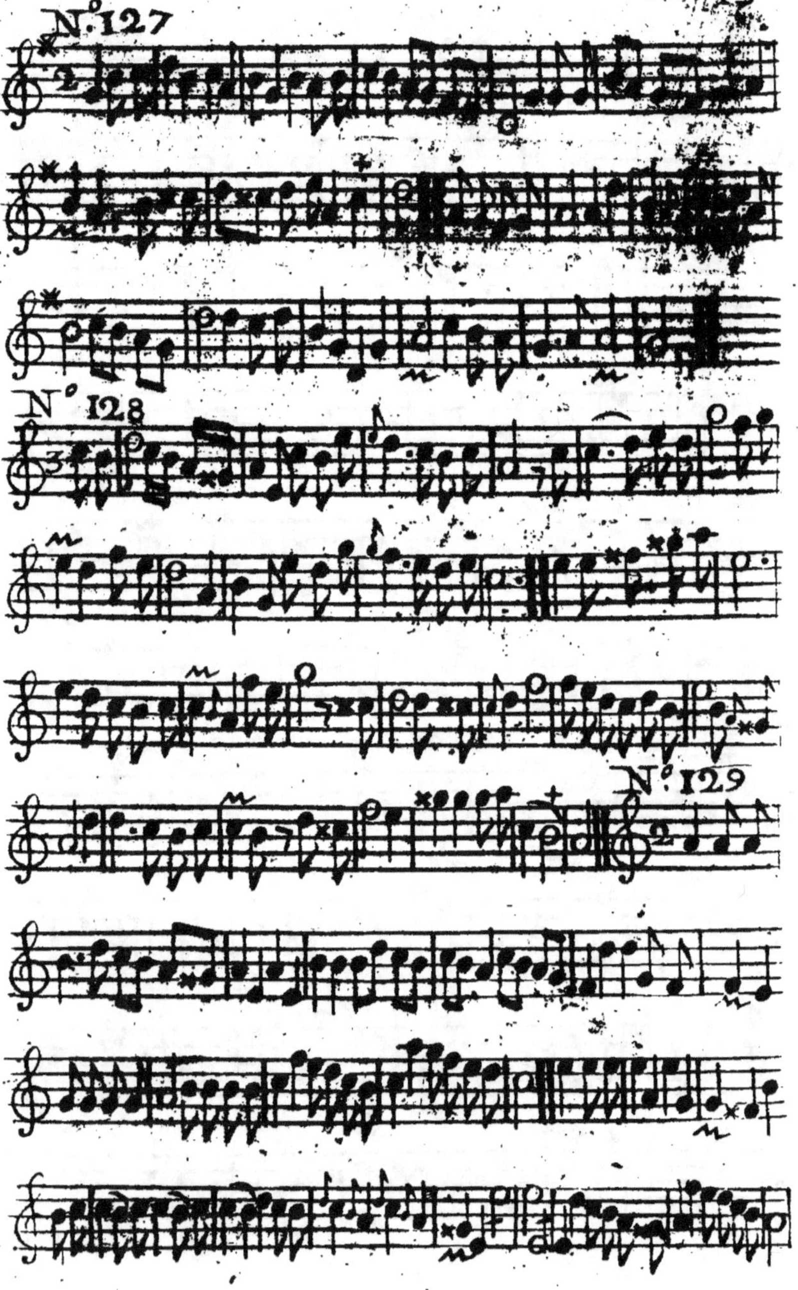
N° 127
N° 128
N° 129

N.º 130
N.º 131
N.º 132

N.º 133
N.º 134
45

46
N.º 135
N.º 136
N.º 137

N.o 138
N.c 139
N.o 140
N.o 141

N.° 142
FIN

www.ingramcontent.com/pod-product-compliance
Lightning Source LLC
LaVergne TN
LVHW010943180726
843502LV00004B/1064